제2판

서비스 커뮤니케이션

SERVICE COMMUNICATION

고객만족과 상황별 · 유형별 커뮤니케이션

이지연 저

(주)백산출판사

머리말
Preface

현대 사회에서는 단순한 지식이나 기술만으로는 경쟁력을 갖추기 어렵습니다. 빠르게 변화하는 조직과 사회에서 중요한 것은 사람과의 관계 맺기와 이를 유지하는 능력입니다. 다양한 사람들과 소통하고, 협력하며 의견을 조율하는 역량은 점점 더 중요한 핵심 경쟁력으로 자리 잡고 있습니다. 특히 서비스 산업이 확대되면서, 고객과 신뢰를 쌓고 만족을 이끌어 내는 커뮤니케이션 능력은 어느 직무에서나 필수적인 자질이 되었습니다.

오늘날 '커뮤니케이션 능력'은 특정 직업에만 필요한 기술이 아니라 사회생활 전반에 걸쳐 매우 중요한 역량입니다. 단순히 말을 잘하는 것보다, 상대방을 이해하고 공감하며 논리적이고 긍정적으로 의사를 전달하는 능력이 현대인의 기본기로 요구되고 있습니다. 대학의 교양 교육은 학생들이 실제 사회와 직무 현장에서 바로 활용할 수 있는 실천적 지식과 태도를 갖추도록 돕는 역할을 해야 합니다. 특히 사람과의 접촉이 많은 직업을 준비하는 학생들에게는, 효과적으로 소통하고 긍정적인 관계를 맺는 경험이 더욱 중요합니다.

이 책은 '서비스 커뮤니케이션' 교과목의 교재로, 학습자가 실제 사회에서 활용할 수 있는 커뮤니케이션 역량과 서비스 마인드를 익힐 수 있도록 기획되었습니다. 총 14장 구성으로 서비스의 본질, 공감적 경청, 비언어 표현, 논리적 말하기, 불만 응대, 비대면 소통 등 다양한 업무 상황에서 필요한 커뮤니케이션 주제를 폭넓게 다루고 있습니다. 각 장에는 자기진단, 실습, 사례 분석 등을 통해 지식 습득을 넘어 자신의 소통 습관을 점검하고 실생활에 적용해볼 수 있는 기회를 마련했습니다.

코로나19 팬데믹 이후 비대면 소통이 확산되며, 온라인 회의, 메신저, 이메일 등 디지털 환경에 맞는 커뮤니케이션 기술과 에티켓의 중요성도 커지고 있습니다. 본서에서는 이런 변화에 적극적으로 대응할 수 있도록 내용을 보완하였습니다.

이 책은 단순히 이론이나 기술 전달을 넘어, 학습자 여러분이 자신의 대화 습관, 감정 관리 능력 등을 점검하고, 앞으로 사회 속에서 건강하고 효과적으로 소통할 수 있도록 돕는 데 목적이 있습니다. 또한 실용적인 예시와 핵심 포인트를 담아, 졸업 후에도 언제든 참고할 수 있는 든든한 길잡이가 되길 바랍니다.

이 교재가 여러분에게 의미 있는 배움의 경험으로 남기를 바라며 앞으로 여러분이 펼쳐갈 소통의 여정에 든든한 지침서가 되기를 바랍니다. 끝으로, 출간을 위해 도움 주신 백산출판사 관계자 여러분께 감사드립니다.

2025년 7월

저자 이지연 드림

차례
Contents

CHAPTER 01

SERVICE COMMUNICATION

서비스의 이해

1. 고객만족과 서비스
2. 고객에 대한 이해
3. 고객의 기대심리
4. MOT 관리
5. 인적서비스

마이클 르뵈프(Michael LeBoeuf)의 '평생고객을 만드는 법'

내게 옷을 팔려고 하지 마세요.
세련된 인상, 멋진 스타일, 그리고 매혹적인 외모를 팔아주세요.
내게 보험상품을 팔려고 하지 말아요.
대신 마음의 평화와 내 가족과 나를 위한 위대한 미래를 팔아주세요.
내게 집을 팔 생각은 말아요.
대신 안락함과 되팔 때의 이익과 소유함으로써 얻을 수 있는 자부심을 팔아주세요.
내게 장난감을 팔려고 하지 말아요.
그 대신 내 아이들에게 즐거운 순간을 팔아주세요.
내게 책을 팔려고요?
아니에요. 대신 즐거운 시간과 유익한 지식을 팔아주세요.
내게 컴퓨터를 팔 생각은 하지 말아요.
기적 같은 기술이 주는 즐거움과 이익을 팔아주세요.
내게 비행기 티켓을 팔려고 하지 말아요.
대신 내 목적지에 빠르고 안전하게, 그리고 정시에 도착할 수 있는 약속을 팔아주세요.
내게 물건을 팔려고 하지 말아요.
대신 꿈과 느낌과 자부심과 일상의 행복을 팔아주세요.
제발 내게 물건을 팔려고 하지 마세요.

"서비스는 존경과 예의의 표현입니다."

– 테레사 맥나마라

01 CHAPTER 서비스의 이해

1 고객만족(customer satisfaction)과 서비스

1) 고객만족

우리나라는 1990년대 초반에 고객만족이 경영에 접목되기 시작하여 고객만족경영(customer satisfaction management)이 시작되었다. 고객만족경영만이 급속히 변화하는 환경에서 살아남을 수 있는 방법으로 많은 기업들이 그 중요성을 알고 있으며 이를 실천하고자 노력하고 있다.

고객만족이 이루어지면 만족한 고객은 재방문하여 재구매하게 되며, 계속적으로 이용하는 충성고객이 된다. 기업 측면에서는 수입이 증대되고 긍정적 구전효과 등을 통하여 경영적으로 성장하게 된다. 그렇기 때문에 기업은 지속적인 성장을 위해 고객만족경영을 선택하고 있다. 실제로 고객만족경영을 통하여 성장한 기업들이 존재하며 이는 유통, 금융, 외식, 의료기관, 숙박 등의 모든 산업에서 확인할 수 있다.

고객만족을 위해서는 기본요소 3가지, 즉 상품과 서비스, 그리고 기업의 이미지를 충족해야 한다. 여기에서 우리는 서비스를 살펴보고자 한다. 고객 서비스는 재화나 서비스 상품을 구매한 고객에게 제공하는 사전 및 사후 관리서비스를 말한다. 서비스에는 인적서비스, 서비스 프로세스, 서비스의 공간적 환경 등이 있다.

구분	내용
상품	상품, 품질, 가격, 기능 등
서비스	인적서비스, 서비스 프로세스, 서비스의 공간적 환경 사전 및 사후 관리 서비스 등
기업 이미지	기업브랜드 및 인지도, 기업의 사회공헌 활동 및 환경보호 등

2) 서비스

서비스는 경쟁기업체에서 똑같은 상품이 제공된다고 가정했을 때 경쟁사와의 차별화를 일으키며 고객을 유도할 수 있는 중요한 요소가 된다. 서비스가 그 기업의 경쟁력이 될 수 있다는 것이다. 특히나 고객들의 감성이 구매에 큰 영향을 미치면서, 기업은 소비에 직접적인 영향을 줄 수 있는 요소인 서비스를 통해 고객의 감성을 자극하고 있다. 고객은 혼자 노트북을 들고 가더라도 편안하게 있을 수 있는 곳, 생기 있고 친절함이 느껴지는 곳, 자신의 라이프스타일과 일치하는 곳을 찾게 된다. 상품에 이러한 서비스 요소가 더해지면서, 고객들은 감동과 즐거움을 넘어 행복감을 느낀다. 특히 지금의 시대는 고객들의 소비에 감성의 영향이 점점 커지고 있다. 그러므로 고객만족에 감성을 접목한 다양한 서비스를 제공한다면 고객은 더 큰 감동으로 기억하게 될 것이다.

2 고객에 대한 이해

'고객'은 기업의 상품이나 서비스를 구매하는 개인이나 조직을 의미한다. 그 뜻을 살펴보면 顧(돌아볼 고), 客(손 객)으로, 기업이나 서비스 제공자 입장에서 '다시 보았으면', '또 와주었으면' 하는 사람을 의미한다. 고객이 상품이나 서비스에 만족하면 재구매를 결정하며 관계가 이어지기 때문에 고객의 만족도는 그 기업의 생존과 직결될 수 있다.

고객은 내부고객과 외부고객으로 분류할 수 있다. 외부고객은 그 기업의 상품과 서비스를 구매하는 고객이고, 내부고객은 함께 근무하는 직원을 의미한다. 과거에는 기업의 성과에 직접적으로 영향을 주는 외부고객만을 강조하며 중요하게 생각했지만, 현재는 내부고객 만족이 서비스의 질에 영향을 미친다는 점을 인식하며 내부고객 만족을 강조하고 있다.

※ 내가 서비스를 담당하고 있는 기업 또는 서비스를 이용하는 기업의 외부고객과 내부고객들을 작성해 보자.

	외부고객	내부고객
(　　　　) 기업		

3 고객의 기대심리

서비스 제공자와 사용자 사이에는 서비스에 대한 관점과 해석 차이가 존재한다. 하지만, 서비스는 서비스의 제공자 입장이 아닌 서비스의 사용자 관점에서 고객의 니즈를 파악할 수 있어야 한다. 즉, 고객은 어떤 서비스가 필요한지에서부터 어떤 기대와 심리가 있는지를 파악하고 있어야 한다. 빠르게 변화하고 있는 서비스와 계속 진화하는 고객의 기대수준을 파악하고, 고객이 지불한 돈의 가치에 부응하는 서비스가 이루어질 때 고객이 만족하는 서비스가 이루어질 수 있다.

일반적으로 많은 기업체에서는 고객의 진짜 니즈를 무시한 채 표면적인 욕구를 채워주는 경향이 있다. 고객은 처음에는 금방 반응할지 모르지만, 진정한 니즈가 충족되었을 때 진심으로 만족하며, 그 기업에 애정이 생긴다. 하지만 고객은 그들의 니즈를 쉽게 말하지 않는다. 또는 자신도 알아채지 못했을 수도 있다. 그러므로 서비스 제공자는 고객에게 관심과 애정을 가지고 끊임없이 연구해야 한다.

1) 환영기대심리

고객은 서비스를 이용할 때 환영받고자 하는 심리가 있다. 서비스 직원의 진정성 있는 응대로 환영의 기대심리를 채워줄 수 있어야 한다.

2) 우월심리

고객은 본인이 서비스를 응대하는 직원보다 우월하다는 심리가 있다. 직원은 이를 인정하고 고객을 존중하며 겸손한 태도로 응대할 수 있어야 한다.

3) 보상심리

고객은 서비스를 이용하며 자신이 사용한 비용보다 더 많은 혜택을 받고 싶은 심리가 있다. 다른 서비스와 비교하여 기대에 충족하기를 원하며 손해를 보고 싶어하지 않는다.

4) 자기 본위적 심리

고객은 서비스를 접하면서 점차 자신의 가치 기준이 생기며, 자신의 관점으로 판단하는 심리가 있다. 고객의 입장과 관점에서 바라보며 살피는 노력이 필요하다.

5) 모방심리

고객은 다른 고객과 닮고 싶은 심리가 있다. 서비스 제공자가 다른 고객에게 응대했던 모습처럼 자신에게도 응대해주길 바라며, 고객 자신도 다른 고객들처럼 행동하고자 하는 심리가 있다.

6) 독점심리

고객은 서비스를 독점하고자 하는 심리가 있다. 하지만, 독점심리를 충분히 만족시키다 보면 다른 고객에게는 공평한 서비스가 이루어지기 힘들 수 있다.

누구에게나 공정한 서비스가 될 수 있도록 노력해야 한다.

4 MOT 관리

1) 개념

고객이 기업을 접하게 되면서 느끼는 모든 순간순간을 MOT라고 한다. 이를 통해서 고객은 그 기업에 대한 이미지를 결정하게 된다. MOT(Moment of Truth)는 스페인 투우경기에서 투우사가 돌진하는 소의 급소를 찌르는 찰나의 순간을 뜻하는 '진실의 순간(Moment De La Verdad)'에서 유래되었다. 피할 수 없는 순간! 실패가 허용되지 않는 절체절명의 중요한 순간을 의미한다.

2) MOT 도입

MOT는 스칸디나비아항공사의 CEO, 얀 칼슨에 의해 산업현장에 처음으로 도입된 경영 기법이다. 그는 "고객은 항공사와 접촉하고 15초 안에 항공사의 이미지를 결정한다."며, 이 15초가 기업의 이미지를 좌우하여 기업의 성패를 결정지을 것이라 확신했다. 스칸디나비아항공은 MOT를 도입한 지 1년 만에 800만 달러 적자에서 7,100만 달러의 수입을 벌어들이면서 적자경영에서 흑자경영으로 전환했다.

3) 고객접점의 중요성

MOT는 기업의 성패를 좌우할 수 있는 만큼, 고객이 접하는 모든 접점을 관리하는 것은 매우 중요하다. 고객이 10번의 접점에서 만족했다 하더라도 단 한 곳의 접점에서 불만을 느끼면 고객은 결국 그 기업에 좋지 않은 이미지를 갖게 되며 불만족으로 남게 된다.

4) 고객접점 사이클

고객은 순간순간 접점에서의 만남을 통해 서비스를 경험하고 서비스의 만족도를 평가한다. 그러므로 각 영업점에서도 고객접점에 따른 응대로 서비스의 질을 높일 수 있어야 한다.

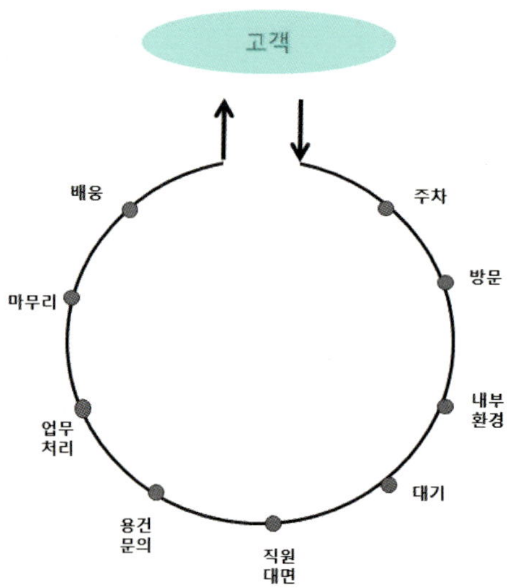

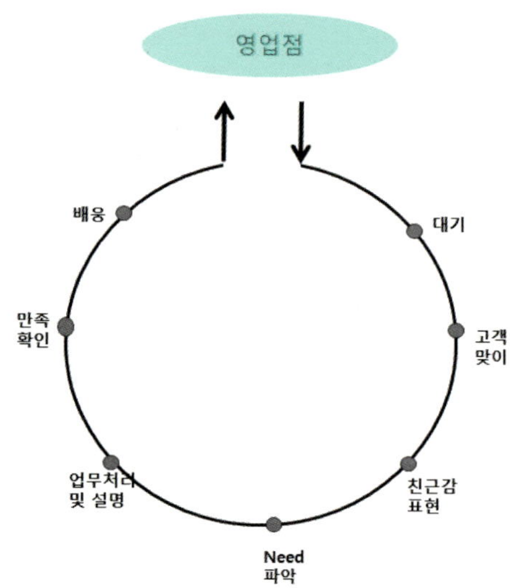

내가 방문했던 기업의 MOT Cycle

기업(장소) :

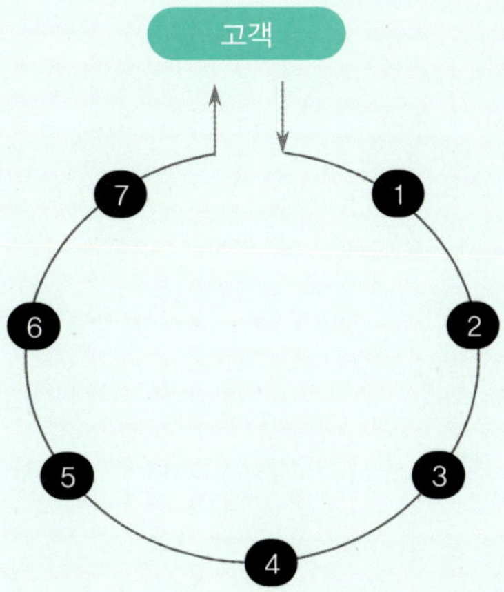

1. 방문한 장소의 접점을 체크해 보세요.

2. 접점 중에서 happy Point와 Pain Point를 각각 찾아보고
   그에 대한 의견을 나눠주세요.

- Happy Point

- Pain Point

5 인적서비스

1) 인적서비스의 개념

인적서비스(human service)란 고객과 직접 대면하여 제공되는 서비스로, 서비스 제공자의 태도, 언행, 감정, 외적 표현 등이 서비스 품질에 직접적인 영향을 미치는 형태를 말한다. 이는 무형의 서비스 중에서도 가장 인간적인 상호작용에 기반을 둔 서비스로, 단순한 업무 수행을 넘어 고객과의 관계 형성, 감정적 교류, 신뢰 형성을 포함한다.

인적서비스는 물리적 상품이나 절차가 아닌, '사람'이 전달하는 서비스이기 때문에 동일한 서비스라도 누가, 어떻게 제공하느냐에 따라 고객의 만족도와 반응이 달라질 수 있다.

2) 인적서비스의 특징

인적서비스는 서비스 제공자의 태도, 언행, 감정 상태 등이 서비스의 질에 직접적인 영향을 미치는 특성이 있다. 물리적인 제품과 달리 일정한 기준으로 품질을 유지하기 어렵고, 고객과의 정서적 교류와 경험이 서비스 평가에 중요한 요소가 되기도 한다. 이러한 특성으로 인해 인적서비스는 다음과 같은 특징이 있다.

- 고객과의 직접 상호작용을 통해 서비스가 이루어진다.
- 표준화가 어렵고, 제공자의 태도나 기분에 따라 결과가 달라질 수 있다.
- 무형이므로 고객의 인지된 가치와 감정 경험이 서비스 품질 평가에 큰 영향을 준다.
- 한 번의 실수로도 신뢰 손상이나 불만족이 생길 수 있어, 서비스 제공자의 전문성과 감정 조절 능력이 매우 중요하다.

3) 인적서비스의 역할

인적서비스는 단순한 응대 이상의 가치를 지니며, 다음과 같은 다양한 역할을 수행한다.

(1) 고객 만족 창출

서비스 제공자의 친절한 태도, 적절한 언어 사용, 공감적 반응 등은 고객의 감정에 직접적인 영향을 주며, 서비스에 대한 전반적인 만족도를 높인다.

(2) 기업 이미지 형성

인적서비스는 고객이 경험하는 기업의 '얼굴'이다. 고객은 서비스를 제공한 사람을 통해 기업 전체의 이미지와 문화를 판단하기 때문에, 제공자의 행동 하나하나가 브랜드 가치를 형성하는 요소가 된다.

(3) 고객과의 신뢰 및 관계 구축

일회성 거래가 아닌 장기적인 고객 관계 유지를 위해서는 인적서비스를 통해 신뢰를 쌓는 것이 중요하다. 특히 서비스 직종에서는 반복 방문과 추천을 유도하는 핵심 요소로 작용한다.

(4) 문제 상황 대응 및 회복력 발휘

불만이나 컴플레인 상황에서도 인적서비스 제공자가 보여주는 태도와 대응 방식은 고객의 부정적 감정을 회복시키는 데 결정적인 역할을 한다. 신속하고 공감적인 응대는 오히려 고객 충성도를 높이는 계기가 될 수 있다.

(5) 서비스 차별화 요소

동일한 상품이나 서비스라도, 인적서비스의 질에 따라 경쟁사와의 차별화가 가능하다. 표정, 언어, 경청 태도, 응대 스킬 등은 고객의 기억에 오래 남는 요인이 된다.

4) 인적서비스에 필요한 핵심 역량

좋은 인적서비스를 제공하기 위해서는 다음과 같은 역량이 요구된다.

- 공감 능력: 고객의 입장을 이해하고 감정을 읽어내는 능력
- 감정 조절력: 예기치 못한 상황에서도 감정을 통제하는 능력
- 비언어적 표현력: 표정, 눈빛, 자세, 목소리 톤 등을 긍정적으로 관리하는 기술
- 문제 해결력: 고객의 요구와 문제를 빠르고 유연하게 처리하는 태도
- 긍정적 언어 사용: 신뢰와 친절을 전달하는 말투와 표현
- 일관된 서비스 태도: 누구에게나 동일하게 정중하고 예의 바르게 응대하는 자세

경험 공유 활동

1. 내가 경험한 가장 기억에 남는 인적서비스는 어떤 상황이었는가?

2. 그 서비스는 어떤 점에서 좋거나 불쾌했는가?

3. 당시 내 감정은 어땠고, 그 이후 나는 어떤 행동을 했는가?

역할극 활동

두 명씩 짝을 이루어 '불만 고객 응대 상황'을 설정하고, 한 명은 고객, 한 명은 응대자로 역할극을 진행한다. 종료 후 피드백을 통해 어떤 태도와 표현이 좋았는지 함께 점검한다.

서비스 행동 원칙

- 원칙 1 : 진짜 미소를 지어라!
  천천히 웃는 밝은 표정을 유지하는 것이 호감을 유발한다.
  급방긋 미소는 가식적인 느낌이 나서 비호감을 유발할 수 있다.
- 원칙 2 : 3초의 여운을 남겨라!
  고객이 자리를 뜰 때까지 바라보는 여운을 남겨보자.
  고객은 3초의 세심함에 감동하게 된다.
- 원칙 3 : 눈맞춤을 하라!
  밝은 표정으로 고객과 눈맞춤을 유지하자.
  그리고 '당신을 지지합니다'라는 느낌을 전달해 보자.
- 원칙 4 : 리액션으로 고객을 춤추게 하라!
  액션이 있으면 리액션해야 한다.
  BMW로 리액션하라!
- 원칙 5 : 고객에게서 시선을 떼지 마라!
  고객이 요구하기 전에 다가가자.
  더 큰 감동을 줄 것이다.
- 원칙 6 : 관심을 표현하라!
  고객은 인정받고 싶어 한다.
  당신의 작은 관심에 반응할 것이다.
- 원칙 7 : 밝은 목소리를 유지하라!
  밝은 목소리는 고객에 대한 태도를 표현한다.
  그리고 고객을 기분 좋게 만든다.
- 원칙 8 : 존중하고 경청하라!
  고객을 먼저 존중하고 경청하라.
  고객은 당신에게 호감을 느낄 것이다.
- 원칙 9 : 긍정의 표현을 먼저 하라!
  어떤 상황에서든 긍정언어를 사용하라.
  부득이할 경우 쿠션언어를 사용하자.
- 원칙 10 : 긍정마인드를 유지하라!
  내가 즐거워야 한다.
  그리고 긍정파워를 전염시켜라!

CHAPTER 02

커뮤니케이션 능력

SERVICE COMMUNICATION

소통은 막히지 않고 잘 통하며 뜻이 서로 통해서 오해가 없는 것을 뜻한다. 직장인들을 대상으로 한 조사에서 "직장 내에서 커뮤니케이션이 힘들었던 적이 있었는가?"라는 질문에 90% 이상이 '그렇다'라고 답했으며 가장 힘들었던 순간에 대해서 '상사와 나의 의견이 다를 때'가 60.4%, 다른 팀과 업무를 진행할 때(16.1%), 메일로 업무 처리할 때(8.9%), 후배에게 업무지시를 할 때(6.1%), 팀 내 회의를 할 때(3.6%), 외부업체와 미팅할 때(2.9%), 기타(2.1%) 순으로 나타났다.

이 조사를 통해 많은 직장인이 소통에 힘들어하는 것을 알 수 있다. 나 역시 소통이 잘되면 일에서도 진척이 잘 되지만, 소통이 안 되면 자신의 주장만을 내세우는 의견충돌은 물론이거니와 일이 쉽게 진척되지 않음을 느끼곤 한다.

세계적인 경영 대가인 말콤 글래드웰(Malcolm Gladwell)의 『아웃라이어』에 실린 "비행기 추락에 담긴 문화적 비밀(The Ethnic Theory of Plane Crashes)"에서 대한항공의 사례를 통해 소통의 중요성을 언급한다. 말콤 글래드웰은 1997년 8월에 220여 명의 생명을 앗아간 괌 추락사고의 원인에서 기장과 부기장 사이의 의사소통 문제를 중요한 원인으로 꼽았고, 소통이 안 된 원인은 '상하 간에 경직된 유교적 서열문화'에 있다고 언급했다.

피터 드러커는 "조직에서 발생하는 문제의 60%가 잘못된 소통에서 비롯된다"고 밝힌 바 있다. 소통의 부족과 왜곡이 문제의 원인이 된다는 것이다. 이는 인간관계에서 소통의 문제가 단순히 사람과의 관계의 문제에서 끝나지 않으며 업무에까지 영향을 미치는 결과를 낳기 때문이다.
불행히도 우리나라 사람들은 유교의 서열문화의 영향을 받아 자신의 생각과 감정을 효과적으로 표현하는 데 서툴다. 그에 따라 관계에서 더욱 어려움을 겪으며 업무에 부정적인 영향을 받는 경우가 많다.

출처: 이지연(2021), 뷰카시대, 당신이 꼭 알아야 할 커뮤니케이션 기술, 지식플랫폼

"인간에게 가장 중요한 능력은 자기표현이며,
현대는 의사소통에 의해 좌우된다."

– 피터 드러커

02 CHAPTER 커뮤니케이션 능력

1 커뮤니케이션의 이해

1) 커뮤니케이션의 개념

커뮤니케이션(communication)은 '상호 공통점을 나누어 갖는다'라는 뜻으로 라틴어 'communis(공통, 공유)'에서 유래되었으며, 공동체, 지역사회를 뜻하는 '커뮤니티(community)'와 그 맥락을 함께 한다.

커뮤니케이션이란 두 사람 또는 그 이상의 사람들 사이에서 일어나는 의사의 전달과 상호교류를 뜻하며, 어떤 개인 또는 집단이 개인 또는 집단에 대해서 정보, 감정, 사상, 의견 등을 전달하고 그것들을 받아들이는 과정을 의미한다. 또한, 의사소통의 수단에는 언어적 요소와 함께 비언어적인 요소로 이루어져 있으며, 이를 효과적으로 사용했을 때 원활한 의사소통이 이루어질 수 있다. 즉, 커뮤니케이션이란 두 사람 이상의 사람들 사이에서 언어적, 비언어적 요소의 소통수단을 통하여 정보, 감정, 사실 사상, 의견 등을 전달하는 상호작용하는 과정이라 말할 수 있다.

이와 같은 커뮤니케이션에 대한 다양한 정의를 토대로 소통이 가지고 있는 속성을 살펴보면 다음과 같다.

- 두 사람 이상의 사이에서 발생한다: co- : with, together
- 언어적, 비언어적 요소를 통하여 전달한다: 경로(channel)
- 메시지(생각과 감정, 느낌, 사실 · 정보와 의견, 의미)를 교환한다: message
- 전달과 피드백의 상호 작용 과정이다: interaction
- 상호 이해를 목적으로 한다: under + stand

서비스 커뮤니케이션은

고객과의 상호작용을 통해 서비스가 전달되는 과정에서 이루어지는 모든 의사소통을 의미한다. 이는 단순한 말의 주고받음이 아니라, 고객의 요구를 이해하고, 신뢰를 형성하며, 감정을 관리하고, 긍정적인 경험을 제공하는 소통 전반을 포함한다.

고객은 제공되는 상품이나 서비스의 품질뿐 아니라, 어떻게 응대받았는가에 따라 만족도를 결정한다. 따라서 서비스 커뮤니케이션은 고객 만족, 기업 이미지, 재방문 의사에 직접적인 영향을 미치는 중요한 요소이다.

서비스 커뮤니케이션의 주요 역할

(1) 고객과의 신뢰 형성
처음 만나는 고객에게도 친절한 언어, 경청하는 자세, 정중한 표현을 통해 신뢰를 쌓는다. 신뢰는 재이용 의사와 추천으로 이어질 수 있다.

(2) 서비스 품질 인식에 영향
동일한 서비스를 제공하더라도, 응대자의 커뮤니케이션 태도에 따라 고객이 느끼는 서비스 품질은 달라진다.
■ 예시: "그냥 두세요" vs "제가 바로 도와드리겠습니다"

(3) 감정 조절과 갈등 예방
불만을 가진 고객이나 감정적으로 예민한 상황에서, 감정적 대응이 아닌 차분한 커뮤니케이션은 상황을 안정시키고 갈등을 예방하는 데 도움을 준다.

(4) 브랜드 이미지 형성

고객은 기업 전체를 응대자 한 사람의 말과 태도를 통해 판단하기 때문에, 서비스 커뮤니케이션은 브랜드 가치를 형성하는 핵심 접점이 된다.

(5) 반복 거래와 충성도 향상

좋은 커뮤니케이션은 고객에게 긍정적인 인상을 남기며, 재방문 및 충성 고객으로 이어질 가능성을 높인다.

2) 커뮤니케이션의 중요성

"인간에게 가장 중요한 능력은 자기표현이며, 현대는 의사소통에 의해 좌우된다."라고 피터 드러커가 말했듯이 현대사회를 살아가는 사람들에게 의사소통은 자신의 능력을 표현하는 수단일 뿐 아니라 타인과의 관계를 이어갈 수 있는 소통의 수단이 된다. 또한, 의사소통을 통하여 공감대를 형성하고 신뢰를 주고받게 된다.

(1) 개인 삶의 만족과 커뮤니케이션

인간은 사회적 동물이다. 혼자서는 인생을 살아갈 수 없으며 누군가와 함께 관계를 맺으면서 행복을 느낀다. 대인관계에서 의사소통은 대인관계를 맺는 데 중요한 역할을 한다. 관계에서의 효율적인 의사소통은 자신의 욕구를 충족시킴으로써 개인 삶의 만족도를 높이게 된다.

(2) 직장생활과 커뮤니케이션

사회생활 및 직장생활을 하는 현대인에게 의사소통은 생존을 위한 필수적인 요소라 할 수 있다. 아침에 출근하여 퇴근할 때까지 의사소통을 하지 않는 직장인은 한 명도 없다. 커뮤니케이션을 통하여 업무를 전달받아, 정보를 전달하고 협의함으로써 업무를 진행하게 된다. 이 과정에서 의사소통을 얼마나 효과적으로 잘 하느냐에 따라 자신의 능력에 대한 평가는 달라질 수 있다.

(3) 감정 조절과 관계 유지의 도구

커뮤니케이션은 감정을 조절하고 표현하는 통로이기도 하다. 우리가 화가 났을 때 적절한 언어로 감정을 표현하거나, 상대방의 말에 공감하는 태도를 보이는 것만으로도 갈등을 줄일 수 있다. 또한, 갈등이 생긴 이후 이를 해결하고 관계를 회복하는 데도 커뮤니케이션은 핵심적인 역할을 한다.

(4) 서비스 직무에서의 핵심 역량

특히 고객을 상대하는 서비스 직무에서는 커뮤니케이션이 고객 만족, 기업 이미지, 재방문 의사 등에 직접적인 영향을 준다. 같은 상품이나 서비스를 제공하더라도 응대자의 말투, 표정, 발화 내용에 따라 고객의 인식과 감정은 전혀 다르게 형성된다.

서비스 직무에서는 단순한 말솜씨보다 고객을 배려하는 태도와 공감, 문제 해결 의지가 담긴 커뮤니케이션이 중요하다.

3) 커뮤니케이션 자가진단

■ 다음의 진단을 통해 나의 커뮤니케이션 능력을 점검해 보자.

전혀 그렇지 않다 (1점), 그렇지 않다 (2점), 보통이다 (3점) 조금 그렇다 (4점), 매우 그렇다 (5점)

번호	내용	점수				
		1	2	3	4	5
1	상대방의 말을 판단하지 않고 경청하려 노력한다.					
2	대화 중 상대방의 말에 집중하며 다른 생각을 하지 않으려 한다.					
3	상대방의 감정을 이해하려는 태도를 유지하려 한다.					
4	대화 중 고개를 끄덕이거나 눈을 마주치는 등 경청 태도를 보인다.					
5	대화 중 감정이 격해져도 차분하게 자신의 입장을 표현할 수 있다.					
6	갈등 상황에서도 문제 해결을 위한 대화를 시도한다.					
7	상대방과 의견이 다를 때에도 공격적인 언행을 삼가려 한다.					
8	자신의 감정을 비난이 아닌 '나 전달법(I-message)'으로 표현하려 노력한다.					
9	자신의 의견을 논리적으로 정리하여 말할 수 있다.					
10	말할 내용을 상황에 맞게 쉽게 전달하려 노력한다.					
11	설명할 때 예시나 비유를 활용하여 상대의 이해를 돕는다.					
12	발표나 토론에서 핵심 내용을 중심으로 전달하려 한다.					
13	말할 때 표정이나 몸짓을 활용하여 의사를 효과적으로 전달한다.					
14	억양이나 말투에 따라 감정을 조절하여 전달한다.					
15	상대방의 표정, 눈빛, 몸짓 등을 통해 감정 상태를 파악하려 한다.					
16	공식적인 자리에서는 자세와 시선을 의식하여 조절한다.					
17	상대방의 말을 더 잘 이해하기 위해서 질문한다.					
18	피드백을 줄 때 긍정적 요소와 개선점을 균형 있게 전달하려 한다.					
19	공동 작업이나 토론에서 의사소통을 원활히 하기 위해 질문을 활용한다.					
20	상대방이 잘한 점에 대해 구체적으로 칭찬하려 한다.					

■ 커뮤니케이션 역량 자가진단표

항목별로 점수의 합계를 계산해 보고 자신의 성찰 및 해석을 작성해 보세요.

문항 번호	영역	합계 점수 (4~20점)	나의 성찰 및 해석
Q1~Q4	경청과 공감		예) 경청- 집중 필요 등
Q5~Q8	감정 및 갈등관리		
Q9~Q12	명확한 표현		
Q13~Q16	비언어적 커뮤니케이션		
Q17~Q20	질문 및 피드백 기술		

■ 커뮤니케이션 역량진단 결과 해석표

총점구간	역량 수준	해석 내용
17~20점	매우 우수	해당 영역의 역량이 잘 발달되어 있습니다. 평소 소통에 자신감이 있고, 효과적으로 의사소통을 할 수 있는 능력이 있습니다.
13~16점	양호	기본적인 커뮤니케이션 능력을 갖추고 있으며, 대체로 원활한 소통이 가능합니다. 조금 더 연습하면 더 좋은 결과를 기대할 수 있습니다.
9~12점	보통	다소 개선이 필요한 수준입니다. 수업에서 배운 내용을 실생활에서 의식적으로 실천해 보는 것이 도움이 됩니다.
4~8점	미흡	해당 영역에서 어려움을 느낄 수 있습니다. 구체적인 상황에서 연습하고 피드백을 받으며 점진적으로 역량을 키워가는 것이 필요합니다

2 핵심 커뮤니케이션 능력

1) 자기표현 능력

자기표현이란 자신의 생각, 감정, 의견을 명확하고 솔직하게 전달하는 능력이다. 단순히 말하는 것이 아니라, 상대방이 이해할 수 있도록 구조화된 언어로 정확히 전달하는 기술이다. 이때, 공손함과 존중의 태도도 함께 고려해야 한다.

■ 예시

"이 일에 대해 제 생각은 이렇습니다."

"저는 조금 다르게 생각해요."

→ 자기표현 능력이 부족하면 오해를 낳거나 소극적으로 보일 수 있다. 반대로, 지나치게 자기표현이 강하면 공격적으로 보일 수 있으므로 균형 잡힌 표현이 중요하다.

2) 경청 능력

경청은 단순히 듣는 것이 아니라, 집중해서 상대의 말에 주의를 기울이고 말의 내용과 감정을 이해하려는 적극적인 태도를 말한다. 고개를 끄덕이거나 눈을 맞추는 비언어적 표현도 경청의 일부이다.

■ 예시

"아, 그러셨군요."

"그 점에 대해 좀 더 이야기해 주시겠어요?"

→ 좋은 경청은 상대방에게 존중받고 있다는 느낌을 주며, 신뢰를 형성한다. 불만 고객 응대 시에도 경청은 긴장을 완화하는 데 큰 역할을 한다.

3) 공감 능력

공감은 상대방의 감정이나 입장을 자신의 일처럼 이해하고 반응하는 능력이다. 이는 단순한 동의가 아니라, 상대의 관점에서 생각하고 말해주는 것까지 포함된다.

■ 예시

"그런 상황이면 정말 속상하셨겠어요."

"제가 그 입장이었어도 힘들었을 것 같아요."

→ 공감은 관계의 깊이를 만들어주며, 갈등 상황에서도 마음의 문을 열게 한다.

4) 피드백 능력

피드백은 상대방의 말이나 행동에 대해 적절한 반응을 주는 능력이다. 긍정적인 피드백은 상대방의 행동을 강화하고, 건설적인 피드백은 개선점을 제시하는 데 도움을 준다.

■ 예시(긍정)

"이번 발표 정말 잘 준비하셨네요."

■ 예시(건설적)

"다음에는 예시를 하나 더 넣으면 더 좋을 것 같아요."

→ 피드백은 표현 방식이 매우 중요하며, 판단이나 비난이 아닌 '도움이 되는 방향'이어야 한다.

3 커뮤니케이션 저해요인

1) 상대방에 대한 관심 부족

커뮤니케이션은 말을 하는 사람과 듣는 사람이 존재한다. 원활한 소통은 서로에 대한 관심을 전제로 한다. 대화 중 상대방에게 관심과 집중이 이루어지도록 노력해야 한다.

2) 평가적이며 판단적인 태도, 조언 등

자신의 관점에만 갇혀 상대방의 말을 판단하며 듣는 것은 바람직하지 않다. 상대방이 말하는 의도와 감정을 이해하며 가슴과 마음으로 듣고 대답할 수 있어야 한다.

3) 자신의 감정상태 등

자신의 감정상태는 커뮤니케이션의 질에 영향을 미친다. 자신의 감정상태를 잘 인지하며 조절할 필요가 있다.

4) 경청 및 표현스킬 부족

올바른 소통을 위한 대화의 기술이 필요하다. 경청의 방법과 자세, 그리고 표현스킬 등을 익히게 된다면 상대방과의 효과적인 커뮤니케이션을 이룰 수 있다.

5) 개인의 신념, 편견, 선입견, 고정관념, 과거의 경험 등

상대방의 입장에서 들을 수 있도록 내 생각과 의견을 내려놓을 수 있어야 한다. 나의 고정관념과 신념, 선입견 과거의 경험 등은 원활한 커뮤니케이션을 이루는 데 방해가 될 수 있다.

나의 커뮤니케이션을 저해하는 요인은 무엇인가?

자가진단 및 방해요소 등을 확인하고 나의 커뮤니케이션 능력을 향상하기 위한 구체적인 방법을 작성해 보자.

4 고객응대 실패사례 분석

서비스 현장에서 고객과의 커뮤니케이션은 단순한 정보 전달을 넘어 신뢰 형성, 감정 공감, 문제 해결까지 연결된다. 그러나 응대자의 부적절한 언행이나 태도는 고객의 불만을 키우고, 서비스에 대한 전반적인 평가를 떨어뜨리는 요인이 될 수 있다.

아래는 실제 서비스 상황에서 발생할 수 있는 응대 실패 사례를 분석한 내용이다. 무엇이 문제였는지, 어떻게 개선할 수 있었는지를 함께 살펴보자.

1) 고객의 실수를 지적하는 대응

■ 상황

한 고객이 카페에서 음료 주문을 잘못 전달했다. 주문받은 직원은 이렇게 말했다.
"그건 고객님이 그렇게 말씀하셨잖아요."

■ 문제점

이 표현은 고객의 실수를 직접적으로 지적하며, 책임을 떠넘기는 인상을 준다. 서비스 제공자의 감정 방어는 고객에게 비난받는 느낌을 주고 불쾌감을 유발한다.

■ 개선된 표현

"불편을 드려 죄송합니다. 바로 다시 준비해드리겠습니다."

■ 해설

고객의 실수가 명확하더라도 공감과 배려의 언어로 대응하는 것이 고객 만족도와 재방문 의사를 높이는 길이다. 감정보다 관계를 우선하는 태도가 중요하다.

2) 감정이 드러난 말투와 표정

■ 상황

백화점 고객이 제품 교환 가능 여부를 문의했다. 직원은 불쾌한 표정과 짜증 섞인 말투로 말했다.

"아까도 말씀드렸잖아요. 교환 안 돼요."

■ 문제점

내용 자체보다 말투와 표정에서 전달되는 감정이 더 큰 영향을 준다. 고객은 무시당했다는 인상을 받을 수 있으며, 불필요한 감정 대립이 생길 수 있다.

■ 개선된 표현

"안타깝게도 교환은 어려운 상품입니다. 다른 도움을 드릴 수 있을지 확인해 볼게요."

■ 해설

서비스 커뮤니케이션은 말의 내용 + 감정 표현의 균형이 중요하다. 같은 내용이라도 말투와 태도에 따라 고객의 수용 정도가 크게 달라진다.

3) 정보 부족과 책임 회피

■ 상황

고객이 예약 변경을 요청했지만, 담당 직원은 시스템에 대해 잘 몰랐다.

"그건 제가 몰라요. 다른 데 물어보세요."

■ 문제점

고객 입장에서는 '나는 도움받지 못했다'는 경험으로 남는다. 책임 회피성 응답은 불만을 확대하고, 기업 전체에 대한 불신으로 이어질 수 있다.

■ 개선된 표현

"예약 시스템이 조금 복잡해서요. 담당 부서에 바로 연결해드리겠습니다."

■ 해설

직접 해결이 어려운 상황이라도 해결 의지와 중재자 역할을 보여주는 응대가 신뢰감을 준다. 고객은 "몰라요"가 아니라 "도와드릴게요"를 듣고 싶어 한다.

4) 무성의한 대기 응대

■ 상황

병원 접수창구에서 고객이 오래 기다린 후 문의하자 직원이 이렇게 반응했다.
"지금 바빠서요. 기다리세요."

■ 문제점

바쁜 상황이라도 고객을 기계적으로 대하거나 무시하는 태도는 불쾌감을 유발하고, 감정적 불만을 키운다.

■ 개선된 표현

"기다리게 해서 죄송합니다. 곧 도와드릴게요."

■ 해설

고객은 기다림 자체보다, 기다림을 인정받지 못할 때 더 큰 불만을 느낀다. 간단한 공감 표현 한마디가 문제를 막을 수 있다.

요약

1. 고객 응대 실패는 주로 말투, 표정, 책임 회피, 공감 부족에서 발생한다.
2. 개선의 핵심은 감정을 자극하는 표현 대신, 신뢰를 회복하는 언어와 태도를 사용하는 것이다. "이 상황에서 내가 고객이라면 어떤 말을 듣고 싶은가?"를 생각하며 응대하는 자세가 중요하다.

커뮤니케이션 성찰과 실습 활동

■ 나의 응대 태도 점검

1. 먼저, 자신이 평소 어떤 방식으로 소통하고 있는지를 돌아보는 것이 중요하다.
2. 특히 고객을 응대하는 상황에서 말투, 표정, 경청 태도, 피드백 방식은 매우 큰 영향을 미친다.

■ 자가 점검 예시

1. 고객이 화가 나 있을 때, 나는 감정을 조절하며 차분히 대화할 수 있다.
2. 불편 사항을 말하는 고객에게도 경청하려는 자세를 유지한다.
3. 응대를 마친 후에 내가 했던 말과 행동을 스스로 되돌아본다.
4. 사소한 말투나 표정까지도 상대방에게 영향을 미친다는 사실을 인식하고 있다.
5. 내가 들려주는 말뿐만 아니라, 고객의 입장에서 들리는 말이 무엇인지 고민해본다.

■ 경험 공유 및 실천 계획

1. 경험 공유 질문 예시
   - 지금까지 살아오면서 가장 기억에 남는 커뮤니케이션 성공 또는 실패 경험은?
   - 누군가의 말 한마디로 위로받거나 기분이 상했던 경험이 있는가?
   - 나에게 서비스 커뮤니케이션이란 어떤 의미인가?
2. 실천 계획 세우기
   - 매일 1명 이상에게 정중한 인사와 감사 표현을 실천한다.
   - 불만을 표현하는 상대에게 먼저 감정을 읽어주는 말을 해본다.
   - 내 말투를 녹음하거나 영상으로 촬영해보고, 개선점을 메모해본다.
   - 웃는 표정으로 대화하는 습관을 의식적으로 실천해본다.

   → 계획은 구체적일수록 좋으며, 학습일지나 포트폴리오 형태로 관리해도 효과적이다.

CHAPTER 03

서비스 커뮤니케이션 태도

SERVICE COMMUNICATION

콜센터에 근무하는 '이불만' 상담사. 그녀는 오늘 아침 출근 전 부부 싸움을 하고 출근했다. 그런데 출근하자마자 자신의 상사가 부른다.

"이불만 씨! 어제 상담한 고객이 불만 글을 올렸어요! 어떻게 된 거죠?"

아침부터 상사에게 불려간 '이 불만'은 기분이 안 좋다. 기분 좋게 시작하려고 마음을 다잡지만 슬슬 짜증이 나기 시작한다. 그리고 생각한다.

'내가 고객들에게 친절하게 한들, 나에게 무슨 이득이 있겠냐. 대충하지 뭐….'

그러면서 말투는 점점 퉁명스러워지기 시작한다. 고객의 질문에도 답변하기가 귀찮다. 자세히 설명할 수 있었으나 대충 설명했다. 고객이 알아듣든지 말든지 신경 쓰고 싶지도 않다.

결국 한 고객이 컴플레인을 걸었다.

"너무 불친절하게 답변하시는 거 아니세요? 답변에 전혀 성의가 없으시네요! 그리고 말씀하시는 게 제 상사 같아요. 저는 고객이라구요! 너무 위압적인 말투 귀에 거슬립니다."

그래서 죄송하다고 했더니 고객은 다시 항의한다.

"죄송하다는 그 말투가 더 기분 나쁩니다. 정말로 죄송한 마음을 가지고 죄송하다고 하는 건가요?"

결국 이불만 상담사는 상사에게 다시 불려갔다.

출처: 이지연(2021), 뷰카시대, 당신이 꼭 알아야 할 커뮤니케이션 기술, 지식플랫폼

"긍정적인 태도는 강력한 힘을 갖는다.
그 어느 것도 그것을 막을 수 없다."

— 매들린 랭글

03 CHAPTER 서비스 커뮤니케이션 태도

1 서비스 커뮤니케이션에서 태도란?

1) 태도의 개념

태도는 어떤 대상이나 사건 등에 대하여 어떤 인식과 감정 및 평가를 가지며 호의적 또는 비호의적으로 반응하는 준비상태이다. 태도는 3가지의 구성요소인 인지적(cognitive), 감정 혹은 정석적(emotional), 행동적(behavioral) 요소로 이루어진다.

인지적 요소란 어떤 대상에 대한 지식이나 생각, 신념 등을 말하는 것으로 개인이 어떤 판단 및 결정을 내릴 수 있도록 유익한 정보를 제공하는 역할을 담당한다. 감정적 요소란 어떤 대상에 대해서 좋고 나쁨을 느끼는 것으로 특정 대상에 대한 호감 또는 비호감, 긍정 또는 부정적인 느낌을 말한다. 행동적 요소란 어떤 대상에 대해서 어떻게 행동을 하려는 의도적인 마음가짐이나 경향 등을 뜻한다.

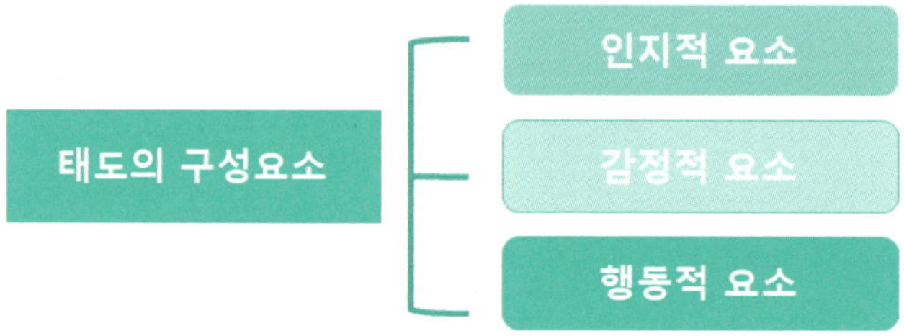

2) 서비스에서 태도가 중요한 이유

하바드 경영대학원의 한 보고서에서 기업의 성공요인으로 정보, 지능, 기술, 태도 4가지 요인을 발표한 바 있다. 하지만 기업성공의 핵심적인 4가지 요소 중 정보와 지능, 기술을 합쳐도 전체 성공요인 중 7%에 불과하다고 한다. 나머지 93%는 바로 태도가 차지한다고 한다. 즉, 그 기업의 성공을 93%나 좌우하게 되는 것은 그 구성원들의 태도에 달려 있다는 것이다. 또한, 각 개인의 성공적인 삶에서도 태도는 결정적인 영향을 미치게 된다. 어떠한 사건이나 대상에 대한 긍정적 또는 부정적 태도는 자신의 행동으로 연결되기 때문이다.

서비스는 단순히 상품이나 정보를 전달하는 일이 아니라, 사람과 사람이 만나는 과정이다. 이 과정에서 고객은 무엇을 말했는가 보다는 어떻게 말했는가, 즉 말하는 사람의 태도와 표현 방식을 더 중요하게 느낀다. 같은 말이라도 친절하게 말하면 신뢰와 만족을 주지만, 무성의하게 말하면 불쾌감과 불신을 줄 수 있다. 고객은 제품의 기능보다 자신이 어떤 대접을 받았는지를 더 오래 기억한다. 서비스 제공자의 태도는 고객의 첫인상을 결정짓고, 회사 전체에 대한 이미지로 연결된다. 작은 실수는 정중한 태도로 충분히 회복할 수 있지만, 불친절한 태도는 고객의 불만과 이탈로 이어질 수 있다.

결국 서비스에서 태도는 단순한 예의가 아니라, 고객과의 신뢰를 형성하고 관계를 유지하는 핵심 요소이다. 말보다 먼저 전달되는 태도가 바로 성공적인 커뮤니케이션의 시작점이다.

영국항공(British Airways)은 고객들에게 만족한 서비스를 제공하는 데 어떠한 조건이 있는지에 대하여 조사하였다. 그 결과, 첫째, 직원들의 건전하고 긍정적인 사고방식이 고객들에게 영향을 미쳤으며, 둘째, 고객들과 직원 사이의 문제를 서로 이해하려는, 상호 간의 친밀한 관계가 서비스에 영향을 미치는 것으로 나타났다. 또한, 직원들 간의 관계가 각자의 서비스 태도에 많은 영향을 준다는 사실을 알게 되었다.

출처 : 이지연(2017), 서비스, 고객경험을 디자인하라, 백산출판사

서비스 직무 종사자에게 요구되는 태도와 핵심 가치

1. 고객 중심 사고와 감정 조절

서비스는 고객의 입장에서 생각하는 태도에서 시작된다. 고객이 원하는 것이 무엇인지 파악하고, 그 감정을 이해하며 대응하는 자세가 필요하다.
또한 다양한 상황 속에서도 자신의 감정을 조절하고, 항상 친절하고 일관된 태도를 유지할 수 있어야 한다.

2. 직무에 대한 책임감과 전문성

서비스 종사자는 맡은 일에 끝까지 책임지는 자세를 가져야 하며, 정확한 정보와 숙련된 업무 수행을 통해 고객의 신뢰를 얻어야 한다. 자신의 역할에 대한 이해와 지속적인 역량 향상이 요구된다.

3. 조직 대표자로서의 태도

서비스 제공자는 단순한 개인이 아닌, 고객 앞에서 조직을 대표하는 사람이다.
따라서 말과 행동 하나하나가 회사의 이미지와 연결된다는 점을 인식하고, 품위 있고 책임감 있는 태도를 갖추어야 한다.

4. 핵심 가치: 공감, 신뢰, 존중, 성실

서비스 직무 종사자는 고객과의 관계에서 다음과 같은 가치를 실천해야 한다.
고객의 입장을 이해하고(공감), 약속을 지키며(신뢰), 상대방을 평등하게 대하고(존중), 모든 일에 책임감을 가지고 최선을 다하는 태도(성실)는 모든 서비스 상황에서 흔들림 없이 유지되어야 할 기준이다.
이러한 태도와 핵심 가치는 단순한 예의범절을 넘어서, 서비스의 질과 감동을 결정짓는 중요한 바탕이 된다.
결국 좋은 태도와 올바른 가치관은 고객의 신뢰와 만족을 이끌어 내는 핵심 열쇠다.

2 좋은 서비스 태도 기르기

1) 자기 성찰

소크라테스가 남긴 유명한 말 중 "너 자신을 알라."라는 말이 있다. 자기 이해에 관한 말이지만 "나는 누구인가?"라는 질문에 쉽게 답할 수 있는 사람은 많지 않다. 하지만, 대학생은 사회에 진출하기 전에 자신에 대한 이해를 바탕으로 올바른 가치관을 형성하며 성장하는 시기로 '나는 누구인가?'에 대한 성찰이 필요하다.

자기인식(Self-awareness)이란 개인이 자신의 생각이나 감정에 주의를 집중하여 알아차리는 것으로서, 궁극적인 자기인식 단계를 가리켜 메타-자기인식(meta self-awareness)이라 칭하며, 이러한 상태는 인지적 · 정서적으로 깨어있는 상태를 말한다(이정석, 박홍석, 2017).

자기인식은 관계 형성과 의사소통에 영향을 미치며 자기 이해와 타인 이해로 구분할 수 있다. 올바른 자기 이해는 자신의 감정 및 태도를 인지함으로써 자신의 감정을 조절하고 상대방을 배려할 수 있다. 이는 개인이 긍정적인 행동을 하는 데 영향을 미친다. 올바른 타인 이해는 상대방의 감정이나 태도, 행동에 대한 이해를 통해 긍정적인 관계를 만들어 나간다. 이는 의사소통에도 긍정적인 영향을 미친다. 하지만, 자신이나 타인에 대한 인식이 부족하면 자기중심적이고 과민한 대인관계 및 의사소통으로 이어질 수 있다.

자신에 대한 긍정적인 평가는 다른 사람과의 관계 및 의사소통에서뿐 아니라 자기 자신에게도 영향을 미친다. 예컨대 스스로 '나는 괜찮은 사람이야'라고 생각한다면 괜찮은 사람처럼 행동하려는 경향이 생긴다. 이는 말과 행동 그리고 표정으로 나타나 자신에게 긍정적인 영향을 미치게 된다.

Who am I ? : 마인드맵

자기인식을 위한'나'를 주제로 자유롭게 마인드맵을 작성해 보자.

나 (　　　　　)

나는 나에 대하여 긍정적 자기인식이 있는가?

그렇지 않다면 긍정적 자기인식을 위해서 노력할 부분은 무엇인가?

아이스 브레이킹

〈자기소개 하기〉

1. 자신의 이름

2. 자신의 긍정단어 만들기
   예 절대 긍정, 비타민 등

3. 자신의 비밀 한 가지 소개하기

4. 나의 가장 행복했던 순간

5. 조원들에게 한마디!

2) 자존감

(1) 자존감의 개념

심리학에서 자존감은 '자신에 대한 전반적인 평가(Coopersmith, 1967)' 혹은 '자신에 대한 긍정적 평가와 관련되는 것으로 자기존경의 정도와 자신을 가치 있는 사람으로 생각하는 정도(Rosenberg, 1965)'를 의미한다(양난미, 이동귀, 박현주, 2013 재인용). 『자존감 수업』의 저자이자 정신과 전문의인 윤홍균은 그의 책에서 자존감을 자기효능감, 자기 조절감, 자기 안전감의 세 가지 축으로 설명하였다.

'자기효능감'은 자신이 얼마나 쓸모 있는 사람인지 느끼는 것을 의미한다. 이는 직장에서의 능력에 관한 것으로 업무적인 부분에 해당한다. '자기 조절감'은 자기 마음대로 하고 싶은 본능을 의미한다. 자유로움이 충족되어야 자존감이 높아진다는 것이다. 마지막 '자기 안정감'은 자존감의 바탕이 되는 것으로 안전감과 편안함을 느끼는 능력을 의미한다.

(2) 자존감의 중요성

자존감은 행복감에 영향을 주는 요인으로 알려져 있다. 최근 경쟁사회로 인한 이기주의, 개인주의가 성행하게 됨에 따라 행복과 자존감에 대한 많은 관심이 높아지고 있다. 특히 대학생은 사회진출을 앞두고 있다. 취준생의 생활과 신입사원으로서 새로운 환경은 자존감이 떨어지는 상황에 맞닥뜨리게 된다. 따라서 안정된 자존감을 통해 다양한 상황에서도 자신의 자존감을 높일 수 있도록 준비할 필요가 있다.

직장에서는 다른 직원들과의 비교와 경쟁, 평가와 승진, 갈등과 어려운 근무환경 등으로 인하여 자존감이 낮아지는 여러 상황에 처하게 된다. 고객과의 관계에서도 나의 잘못과 상관없이 자존감이 떨어지는 상황이 발생한다. 하지만, 자존감이 높은 사람들은 건강한 자존감으로 어려운 상황들을 긍정적으로 헤쳐 나가며 자신의 성장을 이루어 나간다. 반면 자존감이 낮은 사람들은 자존감이 더욱 떨어져 자신의 실력과 능력을 제대로 발휘하지 못한 채 낙심하며 적응에 어려움을 겪게 된다.

이처럼 자존감은 학업과 일, 그리고 대인관계 등 전반적인 삶에 영향을 미치게 됨으로써 개인의 행복에도 영향을 미치게 된다. 그렇기에 예기치 않은 상황에서도 자신을 가치 있게 생각할 수 있도록 자존감을 높이는 방법을 터득할 필요가 있다. 이를 통해 자신감 있고 적극적으로 대인관계를 맺어 나갈 수 있을 것이다.

자신감, 자만심, 자존심의 차이

자신감, 자만심, 자존심은 자존감과 비슷하게 생겨서 혼동하기도 한다. 각각의 정의를 살펴봄으로써 건강한 자존감에 대하여 생각해 보자.

자신감은

자신을 스스로 믿는 감정으로 무엇인가를 스스로 이루어낼 수 있다는 느낌을 말한다. 곧 자신이 어떤 과업을 수행하는 데 있어 충분히 할 수 있다고 생각할 때 자신감은 높아진다.

자만심은

자신이나 자신과 관련 있는 것을 스스로 자랑하며 뽐내는 마음으로 자신에 대하여 지나치게 높게 평가하는 것이다. 이는 자신이 해야 할 과업의 난이도를 지나치게 낮게 잡았을 때 자만심이 생기게 된다. 또는 자신감이 과하면 자만심으로 이어질 수 있다.

자존심은

남에게 굽히지 않고 자신의 품위를 스스로 지키는 마음으로, 자존감이 자신 스스로를 존중하는 마음이라면, 자존심은 타인에게 존중받고자 하는 마음이다. 자존감이 떨어지면 느낄 수 있는 감정으로 상한 감정을 의미한다.

■ 다음의 자존감 지수를 체크해 보고 점수를 모두 더해 보자.

항목	전혀 아니다	대체로 아니다	대체로 그렇다	거의 그렇다
1. 나는 다른 사람만큼 가치가 있는 사람이다.	1	2	3	4
2. 나는 별 어려움 없이 내 마음을 결정할 수 있다.	1	2	3	4
3. 나는 좋은 장점을 많이 갖고 있다.	1	2	3	4
4. 나는 다른 사람들만큼 일을 해나갈 수 있다.	1	2	3	4
5. 나는 행복한 사람이다.	1	2	3	4
6. 나는 나 자신을 잘 안다.	1	2	3	4
7. 나는 쉽게 포기하지 않는다.	1	2	3	4
8. 나를 좋아해주는 사람이 많다.	1	2	3	4
9. 나는 스스로에게 긍정적인 태도를 갖는다.	1	2	3	4
10. 나는 현재 내가 하는 일에 만족한다.	1	2	3	4

출처: 로젠버그, 자존감 척도 보완

▶ 10개 문항의 점수를 모두 더해 보자.

▶ 나의 점수는 몇 점?

■ 점수
- 30점 이상: 높음
- 20~29점: 보통
- 19점 이하: 낮음

※ 점수가 20점 미만인 사람의 경우
자존감이 낮고 비감각적이며 부정적인 경향이 있으므로 자기 자신에 대해 좀 더 긍정적으로 생각하는 노력이 필요!

(3) 자존감 향상법

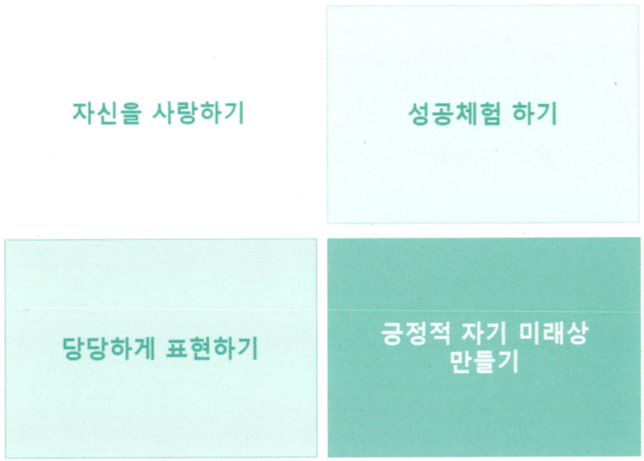

① 자신을 사랑하기

모든 사람에게는 장단과 단점이 존재한다. 하지만 자존감이 낮은 사람들은 자신의 장점보다는 단점을 먼저 생각하며 비난을 통해 자신의 자존감을 낮추는 특징이 있다. 반대로 자존감이 높은 사람들은 자신의 단점도 인정하면서 장점에 대하여 스스로 칭찬하며 자랑스러워한다. 또한 자신이 무엇을 원하는지, 무엇을 했을 때 행복한지 등 자신이 원하는 것을 채워가며 자신을 사랑할 줄 안다. 이를 통해 성장하면서 행복한 삶을 만들어 나간다.

자신의 장점이 무엇인지 생각해 보자. 그리고 자신의 장점 10가지를 작성해 보자. 생각지 못했던 자신의 장점을 찾을 수 있을 것이다. 이를 통해 자신에 대한 긍정적 마인드를 갖게 되며 자신감을 가질 수 있을 것이다. 작은 실천을 통해 자신을 의식적으로 사랑해 보자.

나의 장점 10가지를 작성하시오.

1. ______________________________
2. ______________________________
3. ______________________________
4. ______________________________
5. ______________________________
6. ______________________________
7. ______________________________
8. ______________________________
9. ______________________________
10. ______________________________

② 성공 체험하기

새로운 경험이나 자신이 성공한 체험들은 자신감을 느끼게 하고 자존감을 높인다. 과거에 성공한 경험을 생각해 보자. 뿌듯한 생각이 들 것이다. 또한 향후 내가 성공할 수 있는 작은 목표를 세워서 노력해 보자. 이를 달성한다면 뿌듯함을 넘어 더 큰 자신감을 느낄 것이다. 또한, 그 과정에서도 자신의 자존감은 형성될 것이다.

내가 1년 안에 성공을 체험할 수 있는 것은 무엇인가?

③ 당당하게 표현하기

사람들은 자신의 감정이나 의견 등을 표현하는 데 서툰 경우가 많다. 이는 감정과 의견을 표현하지 않았던 습관 때문일 수 있지만, 표현방법을 모르기 때문이기도 하다. 하지만 자신의 감정과 의견을 당당히 표현하지 않다 보면 자신의 감정과 의견을 스스로 무시해 버리는 결과가 될 것이다. 자신을 사랑한다면 자신이 무엇을 원하는지, 그리고 어떤 감정을 느끼고 있는지를 잘 파악하여 올바른 방법으로 표현할 수 있어야 한다. 그래서 자신이 원하는 것을 충족시킬 수 있어야 한다.

내가 그동안 당당하게 표현하지 못했던 감정이나 의견은 무엇인가?

④ 긍정적 자기 미래상 만들기

자신의 긍정적 미래상을 만들어보자. 5년 뒤 혹은 10년 뒤의 모습을 상상해 보는 것이다. 지금은 이루어 나가는 과정이지만 꼭 되고 싶은 직업, 하고 싶은 일, 미래의 모습을 상상함으로써 의욕이 넘치는 것을 느낄 수 있을 것이다. 끊임없이 자신에게 열정과 에너지를 부여할 수 있는 자신을 만들어보자.

5년 또는 10년 후의 나의 모습은?

♣ 영화 추천

출처 : 네이버 영화

뛰어난 패션센스에 매력적인 성격이지민 통통한 몸매가 불만인 '르네'. 하아, 예뻐지기만 하면 뭐든 다 할 수 있을 것만 같다. 하늘에 온 마음을 담아 간절히 소원을 빌지만 당연히 달라지는 건 1%도 없고. 오늘도 헬스클럽에서 스피닝에 열중하는 '르네'! 집중 또 집중! 난 할 수 있다! 예뻐질 수 있다!!! 그러나 과도한 열정은 오히려 독이 되는 법 미친 듯이 페달을 밟다가 헬스클럽 바닥에 내동댕이쳐져 머리를 부딪치고.. 지끈지끈한 머리, 창피해서 빨개진 얼굴로 겨우 일어났는데 뭔가 이상하다! 헐, 거울 속의 내가… 좀 예쁘다?! 드디어 소원성취한 '르네'의 참을 수 없는 웃음이 터진다!

영화 "아이 필 프리티"를 보고 느낀 점을 작성해 보자.

3) 감정 조절과 스트레스 관리

서비스 직무는 고객과의 직접적인 상호작용을 중심으로 이루어지기 때문에, 업무 중 감정이 흔들리거나 스트레스를 받는 상황이 자주 발생한다. 이러한 감정의 동요는 단순한 개인의 피로를 넘어서, 고객 응대의 질을 떨어뜨리고 나아가 조직의 이미지에도 부정적인 영향을 미칠 수 있다. 따라서 감정을 인식하고 조절하며, 스트레스를 효과적으로 관리하는 능력은 서비스 종사자가 갖추어야 할 핵심 역량이라 할 수 있다.

(1) 감정 조절을 위한 실천 전략

① 감정 인식 훈련

자신이 어떤 감정을 느끼고 있는지 자각하는 것은 감정 조절의 첫걸음이다. '지금 내가 불편함을 느끼고 있다', '짜증이 올라오고 있다'고 스스로 인식하면 그 감정을 제어할 수 있는 여지가 생긴다.

② 내면 대화

서비스 상황에서 속으로 자신에게 하는 말은 매우 중요하다. 긍정적인 내면 대화는 감정의 폭발을 막아주는 심리적 완충 역할을 한다.

- **예시:** "괜찮아, 이건 일시적인 감정이야.", "고객은 내 감정이 아니라 서비스 결과를 기대하고 있어."

③ 심호흡과 짧은 멈춤

감정이 격해지는 순간에는 5초간 천천히 심호흡하거나 한 박자 말을 멈추는 것만으로도 부정적인 표현을 줄일 수 있다. 단 몇 초의 여유가 성숙하고 침착한 응대를 이끌어낸다.

④ 감정 거리두기

감정과 상황을 분리해서 바라보는 연습도 필요하다. "이 고객의 불만은 나에 대한 것이 아니라, 상황에 대한 반응이다"라고 생각하면 개인적으로 상처받지 않고 객관적인 대응이 가능하다.

(2) 스트레스 관리의 실제 방법

스트레스는 누적될수록 감정 폭발로 이어지기 쉽다. 따라서 평소 자신의 스트레스 상태를 점검하고 적절한 해소 방법을 갖추는 것이 중요하다.

① 신체적 관리

수면, 식사, 운동은 기본적인 스트레스 저항력을 높여준다. 틈틈이 스트레칭이나 가벼운 걷기 등을 통해 몸의 긴장을 완화하자.

② 정서적 해소

마음을 편하게 하는 음악 듣기, 글쓰기, 명상 등은 감정 정리에 도움이 된다. 동료와 감정을 공유하거나, 하루의 피로를 말로 표현하는 것도 스트레스 해소에 효과적이다.

③ 업무 후 리셋 루틴

근무 후 자신만의 짧은 휴식 루틴을 만들어보자. 이러한 루틴은 감정 회복의 습관이 된다.

■ **예시:** 퇴근 전 따뜻한 물 마시기, 하루 감사한 일 1가지 기록하기 등

실습 활동: 나의 감정 조절 계획 세우기

1. 최근 업무 중 감정이 흔들렸던 상황을 떠올려보자.

- 그때 어떤 감정이었는가?
- 어떻게 대응했는가?

2. 다음 상황이 발생했을 때 사용할 내면 대화를 적어보자.

- 고객이 큰 소리로 항의했을 때
- 내가 피곤하고 예민한 상태일 때
- 동료가 내 실수를 지적했을 때

3. 내가 매일 실천할 수 있는 감정 관리 습관 3가지를 적어보자.

■ 예시: "10초 심호흡하기", "하루 1번 감사 표현하기", "퇴근 전 오늘 감정 정리하기"

서비스 마인드 선언문 작성하기

진심이 담긴 태도는 나의 다짐에서 시작된다.
아래 문장을 참고하여, 나만의 서비스 마인드 선언문을 작성해 보자.

■ 예시:
나는 고객 한 사람 한 사람을 소중한 존재로 대하겠습니다.
나는 감정을 앞세우기보다 공감하고 경청하는 사람이 되겠습니다.
나는 작은 표현에서도 진심이 드러나도록 노력하겠습니다.

[나의 선언문]
"나는 ____."

CHAPTER 04

공감적 경청

SERVICE COMMUNICATION

1. 경청의 개념과 중요성
2. 공감적 경청
3. 경청의 방해요인

"저는 공감적 경청을 통해서 지금 남자친구를 만나게 된 것 같아요."

무슨 말이냐고 물었더니 자신의 남자친구는 일본사람이라고 한다. 한국에 여행을 와서 한국문화 경험을 위한 한국문화 탐방을 했던 것이다.

그때 여학생은 일본인에게 한국문화를 소개하는 아르바이트를 하고 있었으며, 일본말이 서툰 탓에 심혈을 기울여 설명했다고 한다. 몸짓과 손짓은 물론, 눈빛으로 소통을 시작하여 상대방이 이해하고 있는지를 알기 위하여 유심히 그의 몸짓 하나하나를 살피며 느낌과 감정을 알기 위해 온 힘을 쏟았다고 한다. 그리고는 너무 심혈을 기울인 나머지 그날 밤 집에 와 힘들어서 쓰러져버렸다고 한다. 그런데 다음 날 그 남자친구가 자신에게 찾아와 관심을 표현했다는 것이다.

아무래도 자신이 설명하면서 언어가 통하지 않은 외국인인지라 특별히 더 상대방의 반응을 살폈는데 이때 공감적 경청이 이루어졌던 것 같다고 한다. 이때 남자친구에게 호감을 전달했으며, 특히 눈 맞춤은 교감을 이루게 하여 그에게 좋은 느낌을 전달한 것 같다는 것이다. 남자친구가 왜 자신에게 호감을 느끼게 되었는지 그 이유를 알게 되었다며 공감의 파워에 대하여 재차 언급하였다.

그들은 본의 아니게 공감적 경청을 통해 호감을 전달하며 좋은 관계로 이어진 것이다. 이렇듯 공감적 경청은 상대방과의 정보전달을 넘어 좋은 관계의 시작이 될 수 있다.

출처: 이지연(2021), 뷰카시대, 당신이 꼭 알아야 할 커뮤니케이션 기술, 지식플랫폼

"가장 충실한 아부는 무조건 따라 하는 것이 아니라
상대방의 말을 경청하는 것이다."

– 조이 브라더스

04 공감적 경청

CHAPTER

1 경청의 개념과 중요성

1) 경청의 개념

우리는 상대방의 이야기를 들으며 경청하고 있다고 하지만, 실제로 상대방의 이야기를 잘 경청하고 있는지 확인해야 한다. 대체로 남이 하는 이야기를 건성으로 대강 듣거나 적당히 듣고 있는 경우가 많다. 상대방이 이야기할 때 집중하여 정확히 철저하게 들어야 한다. 중요한 것은 상대방의 입장에서 듣는 것이다. 그래서 상대가 말하고자 하는 정보, 지식과 상식, 의견뿐만 아니라 상대방의 감정과 느낌도 함께 공감하며 이해할 수 있어야 한다.

이처럼 경청이란 다른 사람의 말을 주의 깊게 들으며 공감하는 능력이다. 상대의 말을 듣기만 하는 것이 아니라, 상대방이 전달하고자 하는 내용은 물론이며, 그 내면에 깔려 있는 동기나 정서에 귀를 기울여 듣고 이해한 바를 상대방에게 피드백해 주는 것을 말한다.

'들을 청(聽)'의 한자에서도 경청의 개념이 잘 나타나 있다. '처음부터(一) 끝까지(十) 마음(心)의 문을 열고 눈(目)을 마주 보고, 무엇보다 귀(耳)를 크게 열어 놓고 소통할 때 가장 큰 효과(王)가 있다'는 뜻을 글자에 담고 있다.

경청은 대화하는 과정에서 상대의 신뢰를 얻을 수 있는 최고의 방법이다. 우리가 경청하면 상대는 본능적으로 안도감을 느끼고, 경청하는 우리에게 무의식적으로 믿음을 갖게 된다. 그리고 우리가 말을 할 때, 자신도 모르게 더 집중하게 된다. 이런 심리적 효과로 인해 우리의 말과 메시지, 감정은 아주 효과적으로 상대에게 전달된다. 즉, 우리가 경청하는 만큼 상대방은 우리의 말을 경청할 수밖에 없다. 자기 말을 경청해주는 사람을 싫어하는 사람은 세상에 존재하지 않는다.

경청이란?

'듣는다'는 것은 소리를 귀로 받아들이는 수동적인 행위이다. 반면 '경청'은 단순히 귀로 듣는 것에 그치지 않고, 의도적으로 주의를 기울이고, 상대의 감정과 메시지를 이해하려는 적극적인 태도를 의미한다.

예를 들어, 누군가 말할 때 고개는 끄덕이지만, 마음속으로는 다른 생각을 하고 있다면 그것은 '듣기'일 뿐, '경청'이라고 할 수 없다.

경청은 말하는 사람의 말뿐 아니라 표정, 눈빛, 감정의 흐름까지도 받아들이려는 태도를 포함한다.

2) 경청의 중요성

경청은 대화의 신뢰를 쌓는데 핵심적인 역할을 한다. 상대방은 자신의 이야기를 진심으로 들어주는 사람에게 신뢰와 호감을 느끼고, 그 관계는 더욱 깊어진다. 특히 서비스 상황에서는 고객의 말을 잘 들어주는 것만으로도 불만이 줄어들고 만족감이 높아지는 경우가 많다. 또한, 경청은 오해를 줄이고 정확한 이해를 돕는데에도 중요하다. 상대방의 요구, 감정, 상황을 온전히 파악하지 못하면 잘못된 대응이나 불필요한 갈등이 생길 수 있다. 따라서 경청은 효과적인 커뮤니케이션의 출발점이자, 고객 응대와 인간관계의 기본 역량이라 할 수 있다.

(1) 경청은 상대방에게 존중받고 있다는 느낌을 주어 신뢰를 형성하는 데 도움이 된다

상대방의 말을 집중해서 들어주는 태도는, 말하는 사람에게 "내 이야기를 중요하게 여기는구나"라는 인식을 심어준다. 이러한 경험은 자연스럽게 신뢰와 긍정적인 관계형성으로 이어진다.

(2) 상대의 감정과 요구를 정확히 파악하게 하여 불필요한 오해나 갈등을 줄일 수 있다

경청은 말속에 숨겨진 감정과 진짜 의도를 알아차릴 수 있게 해준다. 이를 통해 의사소통의 오류를 줄이고, 원활한 소통을 가능하게 한다.

(3) 진심 어린 경청은 말하는 사람의 긴장을 풀고, 솔직한 소통을 유도한다

자신의 말을 끊지 않고 끝까지 들어주는 사람 앞에서는 방어심이 낮아지고, 더 진솔하게 마음을 열게 된다. 이로써 상호 이해가 깊어지고, 대화의 질이 높아진다.

(4) 고객 응대 상황에서 경청은 불만을 예방하고 만족도를 높이는 핵심 요소가 된다

불편을 겪은 고객도 자신의 이야기를 끝까지 들어주는 태도만으로 감정이 완화되는 경우가 많다. 경청은 고객 만족과 충성도 형성의 출발점이라 할 수 있다.

(5) 경청은 관계를 유지하고 협업을 원활하게 이끄는 기본적인 소통 능력이다

직장 내 협업이나 팀워크에서도 서로의 의견을 존중하며 듣는 자세는 필수적이다. 경청을 통해 갈등을 줄이고, 공동의 목표 달성을 촉진할 수 있다.

▶ 경청능력은 직장생활에서도 상당히 중요하다. 자신의 경청능력이 어느 정도인지 점검해 보고, 올바른 경청을 위하여 자신에게 필요한 능력은 무엇인지 생각해 보자.

번호	내 용	전혀	가끔	거의	항상
1	나는 화자를 방해하지 않고 내 생각을 표현한다.	1	2	3	4
2	나는 상대방이 말하는 모든 것을 듣기를 원한다.	1	2	3	4
3	나는 중요한 사실을 기억하는 능력이 있다.	1	2	3	4
4	나는 상대방의 얼굴을 바라보며 듣는다.	1	2	3	4
5	나는 메시지의 가장 중요한 세부 사항을 기록한다.	1	2	3	4
6	나는 비록 따분하기는 하지만 화자의 말을 듣는다.	1	2	3	4
7	나는 듣고 있을 때는 주위의 산만한 분위기를 무시한다.	1	2	3	4
8	나는 화자의 말을 진심으로 듣고 있음을 표현한다.	1	2	3	4
9	나는 다른 사람의 말에 동의하지 않더라도 들어준다.	1	2	3	4
10	나는 화자의 다음 말을 예측하면서 공상을 피한다.	1	2	3	4

출처: 산업인력공단 매뉴얼

① 30~40점: 상대방의 말을 효과적으로 듣는 사람이다.

② 20~29점: 좋은 청취자이기는 하지만 앞으로 더 개선해야 한다.

③ 10~19점: 도움이 필요하다. 경청 기술을 개발하기 위해 적극적으로 학습해야 한다.

2 공감적 경청

1) 공감적 경청의 이해

잘 듣기 위해서는 공감적 이해가 필수다. 공감적 이해란 청자가 상대방의 입장이 되어 그의 주관적인 세계를 이해하는 것을 말한다. 이것은 청자가 제3의 귀를 가지고 상대방의 마음속에 있는 '소리 없는 소리' 또는 '마음의 소리'를 듣는 것을 말한다. 또한 우리가 상대방의 눈으로 사물을 보는 것과 같이 상대방이 지닌 생각과 느낌의 틀을 이용하여 그 사람의 생각과 감정을 이해하는 것이다.

베아트리체 칼리시는 "공감은 다른 사람의 감정과 그 감정의 의미를 정확하고 민감하게 인지하고 의사를 전달하는 능력이다."라고 말했다. 즉, 공감적 경청이란 듣는 사람이 상대방의 말, 의도, 감정을 이해하기 위해 가슴과 마음으로 듣고 대답하는 것을 의미한다. 공감적 경청을 통해 비로소 진정한 의사소통이 이루어진다고 할 수 있다.

청자가 상대방의 감정에 공감하고 있음을 나타낸다면 상대방은 그 자신이 이해받고 있는 느낌을 받으며 청자를 신뢰하게 되어 자신을 더욱 드러내게 된다. 이러한 과정이 진행됨에 따라 원만한 인간관계가 이루어진다.

공감이란?

상대의 입장에서 느끼고 이해하며, 반응하는 능력을 말한다. 단순한 동의나 호감이 아니라, '내가 그 상황이라면 어땠을까'라는 마음으로 바라보고 반응하는 태도가 공감이다. 공감은 소통을 부드럽게 만들고, 갈등을 줄이며 신뢰를 쌓는 데 큰 역할을 한다.

2) 공감적 경청의 방법

① 비언어적 표현의 공감적 경청

공감적 경청을 위해서는 비언어적 요소와 언어적 요소로 공감을 표현할 수 있다. 비언어적 요소에는 표정과 눈빛, 자세, 몸짓, 단순한 음성반응 등이 해당하며 이는 상대방에게 '당신의 말을 잘 듣고 있어요'라고 공감적 경청을 잘하고 있다는 것을 보여주며 영향력을 발휘하게 된다. 그만큼 상황에 맞는 적절한 보디랭귀지는 중요하다. 비언어적 요소에 대한 공감적 경청은 BMW(Body, Mood, Word)로 표현할 수 있다.

- Body는 표정, 눈빛, 자세, 움직임으로 보디랭귀지를 맞춤
- Mood는 음정, 음색, 빠르기, 높낮이 등을 통해 상대방의 분위기 및 감정을 맞춤
- Word는 상대가 사용하는 단어 또는 문장을 사용하며 호응하고 맞장구치는 방법

[Body]

첫 번째, Body는 표정, 눈빛, 자세, 몸짓으로 보디랭귀지를 맞추는 것이다. 상대방을 향하는 자세와 보조를 맞추는 몸짓은 공감의 기본적 자세이다. 이는 말하는 이로 하여금 부담 없이 말할 수 있는 편안한 분위기를 조성하며, 듣는 이의 신뢰와 지지를 표현한다. 특히 눈은 표정을 좌우하며 상대방에게 강력한 메시지를 전달한다. 눈 맞춤을 통해 교감하며 청자의 진정성을 표현한다. 반대로 눈을 마주치지 않는다면 상대방에게 신뢰감을 주지 못하고 부정적인 느낌을 들게 하므로 상대방을 향한 부드러운 눈 맞춤에 유의할 필요가 있다.

Body는 표정, 눈빛, 자세, 몸짓으로 보디랭귀지를 맞춤

- ▶ 상대방에게 눈 맞춤
- ▶ 고개 끄덕임

[Mood]

두 번째, Mood는 음정, 음색, 빠르기, 높낮이 등을 통해 상대방의 분위기 및 감정을 맞추는 것이다. 내가 기분이 안 좋아 슬퍼하는데 상대방이 즐거워한다면 Mood가 맞지 않는 대화로 공감적 경청이 이루어질 수 없을 것이다. 상대방과 같은 감정을 목소리 등을 통해 표현할 수 있어야 한다. 같은 말이라도 어떤 감정으로 표현하느냐에 따라 공감의 질은 달라진다. 또한 상대방의 빠르기와 높낮이를 맞추어 대화하는 데 무드를 맞춘다면 같은 에너지의 파장이 이루어져 편안한 대화의 분위기를 이끌 수 있어 공감을 일으킬 수 있게 된다.

Mood는 음정, 음색, 빠르기, 높낮이 등을 통해 상대방의 분위기 및 감정을 맞춤

[Word]

세 번째, Word는 말의 단어와 내용을 의미한다. 상대가 사용하는 단어 또는 문장을 사용하며 호응하고 맞장구치는 방법이다. 이는 공감적 경청을 위한 방법으로 "오늘 덥네요."라고 말을 하면 "정말 덥군요."라고 호응을 하는 방법이다. 같은 말을 반복하여 사용할 수 있으며, 상대방의 말을 지지하거나 확장하여 대화를 이어나갈 수 있다. 만약에 상대방과의 반대되는 의견이 있다면 먼저 상대방의 말에 인정과 공감을 표현한 다음, 자신의 의견을 조심스럽게 표현하도록 한다.

다음의 공감적 경청의 3단계에서 이를 연습해 보자.

Word는 상대가 사용하는 단어 또는 문장을 사용하며 호응하고 맞장구치는 방법

▶ 단순한 음성반응
예) "아~", "예~~", "그러셨구나~~", "저런~~"

▶ 상대방 말을 반복 및 요약
고객의 말을 반복하면 '경청한다, 이해한다, 계속한다'라는 메시지를 준다.

▶ 관심 어린 질문
상대방이 자유롭게 자신의 감정이나 문제를 이야기할 수 있도록 질문을 유도한다.
예) "그래서요?", "정말입니까?"

구분	표현
치켜세우듯 가볍게 하는 맞장구	저런! 그렇습니까? 아닙니다. 잘됐습니다. 그렇게 하십시오.
동의하는 맞장구	과연! 정말 그렇겠군요. 알겠습니다.
정리하는 맞장구	말하자면 이런 것입니까? 아~, ~와 ~라는 것이지요?
재촉하는 맞장구	그래서 어떻게 되었습니까?

② 언어적 표현의 공감적 경청

공감적 경청의 언어적 표현으로는 상대방의 말을 요약, 반복하고 관심 어린 질문을 하는 것을 들 수 있다. 이는 상대방에게 '내 말을 주의 깊게 듣고 있다', 또는 '나에게 진심으로 관심을 가져주는구나' 같은 생각이 들게 하는 공감적 경청의 중요한 표현법이라 할 수 있다.

상황에 따라 1단계, 2단계, 3단계로 구분하여 적용한다면 공감을 넘어 신뢰와 지지의 관계로 이어지게 된다.

[1단계] 기본적 단계: 상대방의 말의 단순한 반복과 반응

[2단계] 마음 읽어주기: 감정 & 욕구 파악 및 표현

[3단계] 질문 + 지지단계: 감정과 욕구를 파악하고 읽어주며 지지의 표현

[1단계]

1단계는 기본적인 단계로 상대방이 한 말을 반복하는 것을 의미한다. 상대방의 뒷말을 따라 하고 반복하는 것만으로도 상대방은 자신의 말을 잘 들어주는 것으로 인식한다. 또한, 상대의 말을 간단하게 반복하는 것은 상대방의 말에 대한 동의와 인정을 의미함으로써 공감을 표현하게 된다. 물론 이때는 상대방의 말이 끝나는 즉시 반응하는 즉각적 반응이 중요하다. 짧게 말을 끝낼 수 있는 상황에서 1단계만으로 공감을 표현할 수 있다.

[반복] : "아, ~구나?"

[단순반응] :"아~", "예~~", "그러셨구나~~" , "저런~~"

[2단계]

2단계는 단순히 상대방의 말을 반복하는 것을 넘어 상대방의 감정 또는 욕구를 파악하여 표현한다. 이는 누군가가 나의 감정을 이해해주었을 때 상대방에게 무한한 신뢰감을 느끼게 되는 것과 같은 것이다. 신뢰감과 돈독한 관계를 유지하기 위해서는 교감이 이루어질 수 있는 반응이 필요하다. 이를 위해 상대방의 말에 감정 및 욕구를 파악하고 표현할 필요가 있다.

[감정]: "~했나 보구나?"
"기분이 ~했나 보네?"
[욕구]: "~하기를 원했나 보구나?"
"네가 원한 것은 ~였구나?"

[3단계]

3단계에서는 상대방의 감정과 욕구를 인지할 뿐 아니라 이를 통해 상대방의 사기를 진작시키며 영향력을 줄 수 있어야 한다. 이는 상대방에게 질문을 통해 관심과 애정을 표현하며 지지를 보내는 것이다. 또한 상대방에게 탁월한 부분이 있다면 칭찬과 함께 동기부여를 일으킬 수도 있다.

[감정]: "~했나 보구나?"
"기분이 ~했나 보네?"
[욕구]: "~하기를 원했나 보구나?"
"네가 원한 것은 ~였구나?"
[질문]: "그럼, 네가 해 보고 싶은 것은 어떤 거니?"
"네가 일을 할 때 성취감을 느끼는 일은 무엇이니?"
[지지]: "언제나 성실하게 일을 하는 모습을 보면 이번에도 잘할 수 있을 거야!"

3) 공감적 경청의 장점

공감적 경청은 단순히 '듣는 것'을 넘어, 상대의 감정과 입장을 이해하려는 태도에서 출발한다. 이러한 경청 방식은 대인관계뿐 아니라, 고객 응대, 조직 소통, 팀워크 등 다양한 상황에서 긍정적인 영향을 준다.

자기 심리학의 창시자 하인즈 코헛(Heinz Kohut)은 "인간을 수용하고 인정하며 이해하게 해주는 공감은 우리가 다 알고 소중히 여기듯이 인간 생존에 필수적인 심리적 영양소다"라고 말한다.

공감은 사람과의 관계에서 인정받고 존중받는 느낌과 함께 상대방에게 강한 에너지를 전달해준다. 컬럼비아대학 등 여러 의과대학에서는 의과생들에게 '이야기 치료'라는 과목을 수강하도록 한다. 컴퓨터의 진단기술 등 의료기술이 아무리 발달했다 해도, 의사가 환자들의 이야기에 직접 귀 기울이는 일이 중요하며 또 실제 치료에도 효과적이라는 연구 결과가 나왔기 때문이다. 예일대학에서는 예술작품의 감상력을 기르기 위한 훈련을 한다. 이는 미술 공부가 학생들을 현명한 의사로 키워내는 데 도움이 된다는 대학 당국의 판단으로 실시하는 것이다. UCLA 의과대학은 '1일 입원환자 체험' 프로그램을 운영하여 환자들과 공감대를 형성해 나갈 수 있도록 하고 있다. 더 나아가 제퍼슨 의과대학에서는 '공감지수(empathy index)'를 개발하여 의사들의 업무 효율성을 측정하고 있다.

근대 심리학의 창시자 윌리엄 제임스(William James)는 "인간 본성 중에서 가장 강한 것은 타인에게 깊이 인정받기를 갈망하는 마음이다"라고 했다. 공감은 이러한 인간의 인정받고 싶은 욕구를 채워주며 존중받는 느낌을 들게 한다. 서비스 현장 및 고객 응대에서도 인정받고 싶은 심리와 존중받고 싶은 심리는 그대로 존재한다. 직원의 말 한마디에 이러한 심리의 충족은 서비스 및 상품에 대한 더 큰 만족으로 이어지기 때문이다.

① 신뢰 형성과 관계 개선

상대방의 이야기를 공감하며 경청하면, "내 말을 진심으로 들어주는구나"라는 인식을 준다. 이는 상호 간의 신뢰를 쌓고, 갈등을 줄이며, 원활한 관계 형성에 기여한다.

② 감정 완화와 갈등 예방

상대의 감정을 인정하고 이해하는 경청은 부정적 감정을 누그러뜨리고, 갈등의 발생 가능성을 줄인다. 특히 고객 응대나 민원 처리에서 효과적이다.

③ 정확한 이해와 피드백 가능

단순히 듣는 것이 아니라, 말하는 사람의 의도와 감정까지 이해하게 되므로 잘못된 해석이나 오해를 방지하고, 적절한 피드백과 대응이 가능해진다.

④ 긍정적인 조직문화 형성

조직 내에서 공감적 경청이 활발히 이루어질 경우, 소통의 질이 향상되고 협업과 배려가 중심이 되는 조직문화가 만들어진다.

위의 사례에서 볼 수 있듯이 대화를 할 때 상대방의 태도나 반응이 의사소통의 만족과 관련이 있다. 대화 상황에서 나의 의견에 대해 상대방이 다음과 같은 반응을 보일 때 어떠한 느낌이 드는지 작성해 보자.

- 짝을 지어 짝꿍에게 대화 주제를 정하고 공감적 경청의 자세와 행동을 취해 보자.
- 자신과 짝꿍이 공감적 경청이 원활하게 이루어졌는지 체크해 보자.

구 분	점 수	느낌 점
보디랭귀지	5 — 4 — 3 — 2 — 1	
눈 맞춤	5 — 4 — 3 — 2 — 1	
고개 끄덕임	5 — 4 — 3 — 2 — 1	
단순한 음성반응	5 — 4 — 3 — 2 — 1	
상대방 말의 반복 · 요약	5 — 4 — 3 — 2 — 1	
관심 어린 질문	5 — 4 — 3 — 2 — 1	

공감적 경청 후 느낀 점을 작성해 보세요.

짝꿍이 잘한 점은 무엇이었나요? 그리고 나의 잘한 점과 보완점을 작성해 봅시다.

공감 문장 바꿔쓰기

내가 자주 쓰는 표현 바꾸기

기존 표현: ______________________________

바꿔 쓴 공감 표현: ______________________________

- 예시:

  "그건 당신 잘못이에요." → "그럴 수 있겠네요. 어떤 상황이었는지 더 듣고 싶어요."

  "그런 건 별일도 아니잖아요." → "당시엔 정말 많이 힘드셨겠어요."

  "그렇게 생각하면 안 돼요." → "그런 생각이 드셨다니 이해가 돼요."

공감적 경청 자가진단

공감적 경청은 단순히 상대의 말을 듣는 것을 넘어, 그 사람의 감정과 의도까지 이해하려는 태도입니다. 아래 항목들을 읽고, 자신의 평소 경청 습관을 점검해 봅시다.

번호	문항 내용	그렇다 (3점)	보통이다 (2점)	아니다 (1점)
1	상대의 말을 끊지 않고 끝까지 들어준다.	☐	☐	☐
2	말의 내용뿐 아니라 말하는 사람의 감정까지 읽으려 노력한다.	☐	☐	☐
3	상대가 말할 때 고개를 끄덕이거나 눈을 맞추며 반응한다.	☐	☐	☐
4	듣는 동안 핸드폰이나 주변 환경에 주의가 분산되지 않도록 신경 쓴다.	☐	☐	☐
5	상대의 말을 들으며 판단하거나 조언하려는 마음보다 이해하려는 마음이 크다.	☐	☐	☐
6	내가 말하고 싶은 것을 참으며, 상대의 말을 먼저 충분히 듣는다.	☐	☐	☐
7	"그랬구나", "네 입장을 이해해" 등의 공감 표현을 자주 사용한다.	☐	☐	☐
8	말의 내용뿐 아니라 표정, 말투, 눈빛 등을 통해 상대의 감정을 읽는다.	☐	☐	☐

☐ 총점: [ ]점

결과 해석

- 22~24점: 공감적 경청 능력이 매우 높습니다. 타인의 감정을 깊이 이해하며, 따뜻한 소통이 가능합니다.
- 17~21점: 경청 태도가 좋지만, 때때로 주의가 산만하거나 공감 표현이 부족할 수 있습니다.
- 16점 이하: 판단이나 조언 중심의 듣기가 많을 수 있습니다. 상대의 감정에 귀 기울이려는 노력이 필요합니다.

3 경청의 방해요인

1. 짐작하기
   상대방의 말을 듣고 받아들이기보다 자신의 생각에 들어맞는 단서들을 찾아 자신의 생각을 확인하는 것을 말한다.

2. 대답할 말 준비하기
   처음에는 상대방의 말을 듣지만, 곧 자신이 다음에 할 말을 생각하기에 바빠서 상대방이 말하는 것을 잘 듣지 않는 것을 말한다.

3. 걸러내기
   상대의 말을 듣기는 하지만, 상대방의 메시지를 온전하게 듣는 것이 아닌 경우이다.

4. 판단하기
   상대방에 대한 부정적인 판단 때문에, 또는 상대방을 비판하기 위해 상대방의 말을 듣지 않는 것을 말한다.

5. 다른 생각하기
   상대방에게 관심을 기울이는 것이 점차 더 힘들어지고 상대방이 말을 할 때 자꾸 다른 생각을 하게 된다.

6. 조언하기
   어떤 사람들은 지나치게 다른 사람의 문제를 본인이 해결해 주고자 한다.

7. 언쟁하기
   단지 반대하고 논쟁하기 위해서만 상대방의 말에 귀를 기울이는 것이다.

8. 옳아야만 하기
   자존심이 강한 사람은 자존심에 관한 것을 전부 막아버리려 하기 때문에 자신의 부족한 점에 대한 상대방의 말을 들을 수 없게 된다.

9. 슬쩍 넘어가기
   대화가 너무 사적이거나 위협적이면 주제를 바꾸거나 농담으로 넘기려 한다.

10. 비위 맞추기
    상대방을 위로하기 위해서 혹은 비위를 맞추기 위해서 너무 빨리 동의하는 것을 말한다.

적극적 경청

경청에는 '듣다, 관찰하다, 초점을 맞추다, 집중하다, 주의하다, 귀를 기울이다'와 같은 단어가 포함된다. 즉 경청을 잘한다는 것은'귀를 기울이다'의 의미로서 관심을 가지고 상대방의 말을 듣는 것이고, 상대방의 생각과 감정을 상대방의 입장에 서서 이해하는 것을 말한다.

하지만 사람들은 때로는 자신이 듣고 싶은 말만 듣고, 딴생각하며 듣거나 자신이 하고 싶은 말을 준비하며 듣기도 한다. 이렇듯 상대방 입장에서 생각과 감정을 이해하면서 듣는 것은 쉽지 않다.

적극적 경청은 비즈니스에서 일반적인 경청의 모습으로 상대방이 무엇을 말하는지 관심을 가지며 집중하여 경청하는 것이다. 하지만, 이는 상대방을 공격하기 위하여 또는 방어하기 위한 경우가 많으므로 경청할 때 더욱더 상대방에 대한 생각과 감정을 이해할 수 있는 공감이 필요하다.

불친절한 말투에 고객의 말 자르기까지?

전화 상담원이 할 수 있는 말은 그리 많지 않다. 불만을 처리할 때에는 상담원이 처리할 수 있는 영역에는 명확한 한계가 있기 때문이다. 할 말이 없다고 해서 미안하다는 말만 계속하는 것은 고객에게 더욱 무책임하게 들린다.

고객의 말을 자르는 것은 절대 금물이다. 고객의 문제를 파악했다고 해서 중간에 말을 잘라서는 안 된다. 특히 말을 자르고 앞질러 해결책을 제시했는데, 엉뚱한 방안일 수가 있다. 예를 들어, 단순 문의를 하려고 전화한 고객에게 '불만 있으면 처리해 주겠다'는 식으로 응대해서 일을 그르치는 사례가 종종 발생한다.

이 상황에서는 '공감적 경청'이 가장 중요하다. "아, 그러셨군요. 불편하셨겠네요."의 고객의 감정에 동의하는 말 등을 가끔씩 덧붙여 주어야 전화를 하는 고객이 안심할 수 있다는 것이다. 또 불만 사항은 미안하다고 한 후에, 정책에 반영하여 시정할 수 있도록 하겠다는 식의 처방을 제시하는 것이 좋다. 보이지 않는 고객에게도 최대한 호응하는 태도를 보이고, 말로만이 아니라 그 의견을 진심으로 반영하겠다는 신뢰를 보여주는 것이 무엇보다 중요하다.

출처: http://blog.naver.com/eob 2007.8.27

CHAPTER 05

비언어적 커뮤니케이션

SERVICE COMMUNICATION

1. 커뮤니케이션의 영향력 3요소
2. 커뮤니케이션의 비언어적 요소
3. 보디랭귀지의 영향력
4. 서비스 현장에서 효과적인 비언어 전략
5. 목소리 톤(준언어)

미국 캔자스대학 폴 언드 교수의 연구팀에서는 의사의 보디랭귀지에 따라 환자가 의사에게 느끼는 만족도를 조사하는 흥미로운 실험을 했다. 수술 후 입원한 환자 120명을 대상으로, 한 그룹에서는 의사가 선 자세로 평균 1분 28초 진료하게 하고 다른 그룹에서는 앉아서 평균 1분 4초 동안 진료하게 했다. 이후 환자들에게 느끼는 진료시간과 만족도 점수를 조사했는데, 그 결과는 다음과 같았다. 의사가 선 자세로 1분 28초간 진료한 A 그룹은 진료시간을 4분 44초로 느꼈으며, 앉아서 1분 4초 동안 진료한 B 그룹은 5분 14초 동안 진료받은 것으로 느꼈다고 조사되었다. 더 짧은 시간 진료를 받았지만, 의사가 앉아 있는 모습에서 더 긴 시간으로 느꼈으며, 만족도 점수에서도 95%가 긍정적인 반응을 보였다. 그 밖에도 서 있는 자세의 의사에게 진료받은 환자들은 '의사가 언제 들어왔다 나갔는지 모르겠다.', '궁금한 게 있어도 물어볼 시간도 없었다.' 같은 부정적 표현을 남겼다.

출처: 이지연(2021), 뷰카시대, 당신이 꼭 알아야 할 커뮤니케이션 기술, 지식플랫폼

"인간에게 가장 중요한 능력은 자기표현이며,
현대의 경영이나 관리는 의사소통에 의해 좌우된다."

– 피터 드러커

05 CHAPTER 비언어적 커뮤니케이션

1 커뮤니케이션의 영향력 3요소

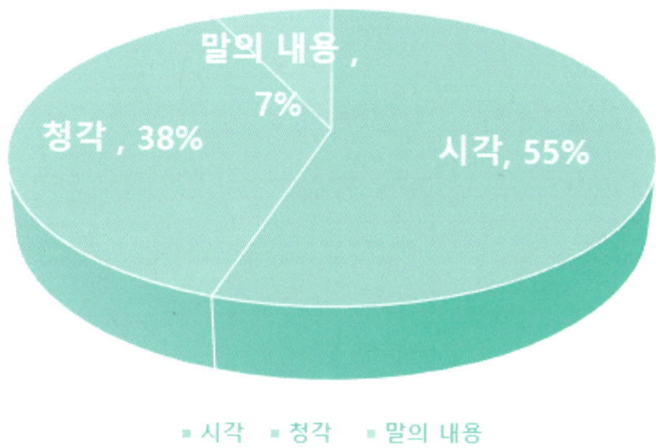

[메라비언 법칙]

1971년 미국의 UCLA 대학교 심리학과 명예교수인 메라비언 박사는 의사소통 영향력에 대한 연구에서 상대방에게 영향력을 미치는 요소로 시각적 요소(보디랭귀지) 55%, 청각적 요소(목소리 톤 등) 38%, 말의 내용은 7%로 조사되었다고 발표하였다. 즉, 효과적인 의사소통에는 표정과 눈빛, 보디랭귀지 등의 시각적 요소가 55%의 높은 영향력을 가지고 있으며 비언어적 요소인 시각적 요소와 청각적 요소가 93%를 차지한다.

1) 시각적 요소

표정, 눈빛, 자세, 움직임, 몸짓 등이 시각적 요소에 해당하며, 이는 비언어적 요소로 메시지 전달에서 55%의 영향력을 발휘한다. 시각적 요소는 의사소통에서 가장 큰 영향력을 발휘하는 만큼 상황 및 의도에 맞는 적절한 보디랭귀지의 표현 및 전달이 중요하다.

2) 청각적 요소

목소리 톤, 목소리, 말투, 말의 빠르기 및 높낮이 등이 청각적 요소에 속한다. 메시지 전달에 38%의 영향력을 가지며 분위기를 좌우한다. 특히 말투의 경우 잘못된 느낌을 전달했을 때 부정적인 감정을 전달할 수 있는 만큼 각별한 주의가 필요하다.

3) 말의 내용

말하고자 하는 내용으로 7%의 영향력이 있다. 큰 비중이 아니라고 할지라도 대화의 내용이나 성격에 따라 언어적 요소를 효과적으로 표현하는 방법이 필요하다.

초두효과

초두효과(Primacy effect)란 첫 만남에서 느껴지는 인상, 외모, 분위기 등의 정보가 그 사람에 대한 고정관념을 형성하는 것을 의미한다. 그래서 나중에 얻은 정보보다 더욱 강력한 영향을 미치게 된다.

미국의 심리학자 솔로몬 애쉬(Solomon Asch)는 이와 관련된 실험을 하였다. 실험 참가자들을 A, B 두 집단으로 분류하여 각 집단에 어떤 한 사람을 단어로 소개하였다. 동일한 단어를 순서만 달리하여 A집단에는 부정적인 단어를 먼저, B집단에는 긍정적인 단어를 먼저 나열하였다. 즉, A집단에는 '샘이 많은, 고집이 센, 비판적인, 충동적인, 근면한, 똑똑한'의 순서로 단어를 제시하고 B집단에는 '똑똑한, 근면한, 충동적인, 비판적인, 고집이 센, 샘이 많은'의 순서로 제시하였다. 이후 참가자들에게 해당 인물에 대해서 평가해 보라고 요청했는데, 긍정적인 단어가 먼저 제시되었던 B집단에서 훨씬 더 긍정적으로 평가하는 것이 관찰되었다. 또한 제시된 단어 중 두 번째와 세 번째 단어들에 대해서는 초두효과가 감소하는 것을 발견하였다.

반대개념으로 빈발효과가 있다. 첫 이미지가 좋지 않았다 하더라도 반복하여 제시되는 행동이나 태도가 첫인상과 다르다면 점차 좋은 인상으로 바뀌는 현상을 의미한다.

서비스 현장에서 첫인상을 중요하게 여기는 이유는 바로 초두효과 때문이다. 한번 형성된 기업과 직원의 이미지는 고객의 사고에 고정관념을 심어주게 되어 지속적으로 영향을 주게 되며 이후의 구입과 과정에도 영향을 미치게 된다. 잘못된 이미지를 바로잡기 위해서는 더 큰 노력과 시간을 투입해야 하기 때문에 처음의 좋은 이미지와 인상을 심어주어야 한다.

2 커뮤니케이션의 비언어적 요소

커뮤니케이션에서는 언어적 요소와 비언어적 요소로 메시지를 전달하게 된다. 하지만 비언어적 요소는 의사소통에서 93%의 영향력을 전달함으로써 언어적인 부분보다 상대방에게 더 큰 메시지를 전달하게 된다.

비언어적 커뮤니케이션이란, 말(언어) 이외의 모든 행동을 통해 의사와 감정을 전달하는 소통방식이다. 여기에는 표정, 몸짓, 손동작, 자세, 시선, 거리, 외모, 옷차림, 목소리의 억양 등이 포함된다. 이러한 요소들은 상대방에게 감정 상태, 진정성, 관심 여부 등을 즉각적으로 전달한다.사람들은 무의식적으로 상대방의 비언어적 표현을 해석하고 반응한다. 따라서 비언어적 커뮤니케이션은 말보다 먼저 작용하며, 때로는 말보다 더 강력한 메시지를 전달한다. 말하는 사람의 말과 행동이 매치할 때 듣는 사람은 설득력과 신뢰감을 형성하게 된다. 반대로, 말하는 사람의 말과 행동이 일치하지 않으면 말보다 행동, 즉 시각적인 요소를 더 믿게 된다. 특히, 감정이나 느낌의 전달에서 비언어적 요소는 더 큰 메시지를 전달하게 됨으로써 효과적인 의사소통을 위하여 비언어적 요소를 올바르게 표현할 필요가 있다.

1) 얼굴 표정

얼굴 표정은 감정과 느낌 등을 표현하는 데 있어 말이나 글보다 더욱 강력한 효과가 있다. 얼굴 표정은 눈과 입, 그리고 주변의 근육의 움직임으로 자신의 느낌과 감정을 표현하며, 순간적으로 무의식중에 전달되기도 한다. 또한, 말과 글 없이도감정 메시지를 전달하므로 자신의 얼굴 표정을 평상시에 관리할 필요가 있으며 오해가 생기지 않도록 주의할 필요가 있다.

자신이 의도한 감정과 느낌을 잘 전달할 수 있는 얼굴 표정이 좋다. 위로의 말을 할 때는 위로의 감정이 표현될 수 있는 표정이 좋으며, 축하하는 분위기에서는 밝은 표정을 짓는 것이 중요하다. 밝은 표정과 상황에 맞는 적절한 얼굴 표정을 통해 효과적으로 의사소통할 필요가 있다.

의사소통의 평소 나의 얼굴 표정은 어떤 표정인지 친구 또는 조원들에게 물어보고 자신의 표정에 대한 느낀 점을 작성해 보자.

표정에 따른 심리적 의미

표 정	상대방이 느끼는 심리
맞장구를 치지 않고 미소가 없다.	– 완곡한 거부나 상대방이 귀찮다는 표시 – 매너리즘
잠시 미소를 짓다가 곧 미소를 거둔다.	– 속으로 무언가 계산하고 있는 사람이다. – 의무적인 미소였다.
갑자기 미소를 중단한다.	– 쓸데없는 말 – 행위에 대한 무언의 경고
상대방을 바라보며 환하게 미소 짓는다.	– 도움을 주겠다는 호의
상대방을 보지 않는다. (시선을 피함)	– 상대하고 싶지 않다는 뜻 – 상대에게 무언가 숨기려는 마음이 있는 경우 – 지쳤다.
상대를 곁눈질로 쳐다본다.	– 대화 내용에 불만이 있거나 의문을 품고 있는 것 – 대놓고 말하기는 어렵지만 뭔가 석연치 않다는 의미
상대를 위아래로 훑어본다.	– 상대를 불신하거나 경멸하고 있는 상태
눈을 크게 뜨고 상대를 오래도록 주시한다.	– 상대에게 강한 흥미나 관심을 느끼고 있는 상태
눈살을 찌푸린다.	– 의견에 찬성하지 않는다. – 성가시다.

출처: 박소연 · 변풍식 · 유은경(2012), 서비스 리더십과 커뮤니케이션, 한올출판사

2) 눈맞춤

눈맞춤은 얼굴 표정을 좌우하는 만큼 가장 강력한 메시지를 전달하는 비언어적 요소다. 눈맞춤을 통해 교감하며 공감을 이루어내기도 한다. 반대로 눈을 마주치지 않거나 피하면 상대방에게 부정적인 느낌을 전달할 수 있으므로 주의가 필요하다. 우리나라 사람들은 유교 문화의 영향으로 눈맞춤을 잘 하지 않는 경향이 있다. 하지만 비즈니스맨이 눈맞춤을 하지 않는다면 상대방에게 신뢰감을 주지 못하며 부정적인 결과로 이어질 수 있다.

우리의 눈에는 기쁨과 환희, 슬픔과 위로, 감사와 지지 등 많은 감정을 담아내어 표현할 수 있는 만큼 상황에 맞는 눈맞춤을 통해 효과적인 의사소통할 필요가 있다.

3) 신체언어(몸짓)

신체언어는 몸, 머리, 팔, 손, 자세 등으로 표현되며 언어적인 요소와 함께 사용되기도 하지만 언어적 요소를 대신해 표현할 수도 있다. 그만큼 상황과 환경에 맞는 신체언어로 표현해야 한다. 특히 제스처의 경우 문화적인 배경에 따라 다른 의미를 담고 있어 주의할 필요가 있다.

① 문화에 따라 의미가 다른 신체언어

♣ ok 동작

엄지와 검지를 동그랗게 모으는 동작으로 이는 우리나라에서 승인, 허락을 뜻하는 'ok'를 의미한다. 하지만, 프랑스에서는 'ok'가 '0' 가치 없음을 의미하고 러시아 터키, 브라질에서는 성적 모욕감을 주는 보디랭귀지로 통한다.

♣ 엄지를 세우는 동작

엄지를 치켜세우는 동작은 보통 최고라는 의미지만, 서유럽에서는 '숫자 1'로 더 자주 쓰인다.

♣ 'v'자 신호

사진을 찍을 때 V자 포즈를 취하는 경우가 많다. V자 포즈는 보통 손바닥이 앞을 향한다. 영국에서 손등이 상대를 향한 V자 포즈는 심한 욕설, '나가 죽어라'라는 의미가 된다.

② 호감을 주는 신체 언어

♣ 악수

현대인들은 비즈니스의 첫 만남에서 악수로 상대방에게 인사를 건넨다. 악수는 신체적 접촉을 통해 친근감과 호감을 전달한다.

♣ 몸을 상대방으로 기울기

상대방과 의사소통 시 상대방 방향으로 몸을 기울이는 것은 호감과 관심을 표현한다. 하지만, 지나치게 기울이게 되면 오해를 불러일으킬 수 있으므로 기울기를 적절하게 조절해야 한다.

③ 비호감을 주는 신체 언어

♣ 팔짱

팔짱을 끼는 보디랭귀지는 상대로부터 자신을 보호하겠다는 심리가 있으며 상대에 대한 방어와 부정적인 태도를 나타낸다. 이는 상대에게 심리적으로 장벽을 만드는 동작이다.

♣ 다리 꼬기

팔짱을 끼는 보디랭귀지와 함께 상대방에 대한 방어적인 태도를 나타낸다. 하지만 여성들의 다리를 꼬는 행동은 일반적인 행동으로 인식되고 있어 무조건적인 방어적인 행동이라고 생각하지 않도록 주의해야 한다.

④ 공간 및 거리

신체언어는 상대방과의 적절한 거리 및 공간의 확보를 통해서 편안한 의사소통이 이루어지게 된다. 초면에 너무 가까운 거리에서 의사소통하게 되면 불편과 불안감을 상대에게 전달할 수 있으므로 친근함과 대화의 성격에 따른 적절한 거리 조절이 필요하다.

홀(E.T.Hall)은 대화가 이루어지는 공간에 관하여 연구하여, 공간이 관계에 큰 영향을 미친다는 결론을 내렸다. 그는 공간의 종류를 4가지 영역으로 나누었는데, 첫째, 공적거리는 강의, 발표 등의 공식 석상에서 청중들과의 거리로 4~8m, 둘째, 사회적 대인거리는 동료 간 편한 의사소통의 공간으로 1.2~4m, 셋째, 개인적 대인거리는 46~120cm, 친밀한 대인거리는 0~46cm이다.

- 공적거리: 4~8m
- 사회적 대인거리: 1.2~4m
- 개인적 대인거리: 46~120cm
- 친밀한 대인거리: 0~46cm

	나의 긍정적 보디랭귀지	나의 부정적 보디랭귀지
친구 / 가족		
직장 (일터)		

동작으로 알아보는 심리적 의미

동작	심리적 의미
수직으로 다리 꼬는 자세	불안, 어색하거나 방어적인 태도
다리를 꼬고 서 있는 자세	낯선 사람들 사이에서 긴장하거나 신뢰하지 못할 때
발목을 꼬고 있는 자세	방어적 태도
어깨를 으쓱하는 제스처	상대방 말을 이해하지 못하거나 모름을 표현
대화 중 눈이 마주침	상대방에게 흥미나 매력을 느낀 경우
곁눈질하는 제스처	관심이나 적대감을 전달
눈감은 제스처	싫증이 났거나 관심이 없을 때
팔장을 낀다.	지루하다.
다리를 떤다	'도망가고 싶은 심리'를 반영하며, 일종의 불안한 심리를 분출하는 행동
대화 중 발의 방향	상대방에 대한 마음의 방향

출처: 박소연 · 변풍식 · 유은경(2012), 서비스 리더십과 커뮤니케이션, 한올출판사

3 보디랭귀지의 영향력

에이미 커디 박사는 TED 강연에서 '신체언어가 그 사람을 결정한다'는 주제로 강연을 했다. 그녀는 강의에서 우리가 취하는 보디랭귀지를 통해 자신의 신체 호르몬의 변화와 함께 자신감에 영향을 미친다고 밝혔다. 커디 박사는 몸동작과 마음의 상관관계를 측정하기 위해 피실험자들을 두 그룹으로 나누어 실험하였는데, 첫 번째 그룹에는 기지개를 켜듯 두 팔을 하늘로 뻗거나 다리를 최대한 벌리는 등 힘 있는 '하이 포즈(high-power pose)'를 취하게 하였으며 다른 한 그룹에는 소극적인 동작, 즉 주머니에 손을 넣거나 팔짱을 끼거나 웅크린 채

턱을 괴는 '로우 포즈(low-power pose)'를 취하게 했다. 그리고 2분 후 두 그룹의 호르몬 수치를 조사하였다. 두 그룹의 호르몬 수치에 놀라운 변화가 있었다고 한다.

실험 전후에 참가자들의 타액을 채취해서 성분을 분석해 봤더니, 하이 포즈를 취한 사람들은 평균적으로 테스토스테론이 20% 증가하고 코르티솔은 25% 감소했다. 이와 달리 로우 포즈를 취한 사람들은 테스토스테론이 10% 감소하고 코르티솔이 15% 증가했다. 이 결과는 2분간의 단순한 몸동작 변화만으로 스스로의 호르몬 수치를 변화시킬 수 있다는 점과 힘 있는 자세를 취한 사람들은 호르몬 측면에서 긍정적인 변화가 일어났다고 할 수 있다.

커디 박사는 "우리 몸은 마음을 바꾸고, 우리 마음은 행동을 바꾼다. 또한 행동은 결과를 바꾼다."라며 '원더우먼 자세를 취하여' 원더우먼과 같은 당당함을 회복해 보라고 권하였다. 하지만 커디 교수 외에도 많은 학자가 보디랭귀지가 자신감에 미치는 영향력에 대하여 강조하였다.

나의 자신감 있는 보디랭귀지를 만들어보자.

4 서비스 현장에서 효과적인 비언어 전략

서비스 직무는 단순히 정보를 전달하는 데 그치지 않는다. 고객과의 만남 속에서 신뢰를 형성하고 감정을 공감하며 만족을 창출하는 관계 중심의 역할이다. 이러한 과정에서 가장 먼저 전달되는 메시지는 말보다 비언어적 표현이다.

고객은 서비스를 받기 전부터 직원의 표정, 시선, 몸짓, 자세, 말투 등을 무의식적으로 관찰한다. 이러한 비언어 신호는 단 몇 초 만에 고객의 감정에 영향을 주며 신뢰와 호감을 유발하거나, 반대로 불쾌감과 거부감을 줄 수도 있다. 따라서 서비스 종사자는 자신의 언어뿐 아니라 모든 비언어적 요소가 하나의 '메시지'로 전달된다는 점을 인식하고 관리해야 한다.

1) 첫인상 전략: 얼굴은 가장 빠른 메시지다

(1) 미소는 기본, 진심은 필수

고객 응대에서 가장 먼저 전달되는 것은 표정이다. 자연스러운 미소는 친절함과 신뢰를 동시에 전달하며, 고객의 긴장을 낮추고 긍정적인 첫인상을 만든다. 억지 미소는 오히려 어색함을 유발할 수 있기 때문에 '고객을 반갑게 맞이하겠다'는 마음가짐이 먼저여야 한다.

(2) 눈맞춤으로 신뢰 형성하기

적절한 눈맞춤은 관심과 경청의 신호다. 고객과 자연스럽게 시선을 주고받음으로써 상호신뢰를 높일 수 있다. 단, 지나친 응시나 시선 회피는 불편함을 줄 수 있으므로 주의해야 한다.

2) 자세와 태도: 몸은 감정을 말한다

(1) 열린 자세를 유지하라

팔짱을 끼거나 뒤로 젖힌 자세는 방어적이거나 무관심한 인상을 줄 수 있다. 반면, 몸을 고객 쪽으로 약간 기울이고 가슴을 펴는 자세는 집중과 환영의 메시지를 전달한다.

(2) 작은 손짓도 따뜻하게

설명이나 안내를 할 때 손을 부드럽게 사용하는 것은 메시지의 명확성과 신뢰감을 더해준다. 그러나 손가락질, 과도한 제스처, 빠른 손놀림은 긴장감을 유발하거나 공격적으로 느껴질 수 있어 주의해야 한다.

3) 목소리와 말투도 비언어다

(1) 톤과 속도를 조절하라

같은 말을 하더라도 말투, 억양, 속도에 따라 상대방의 느낌은 달라진다. 부드럽고 안정된 말투는 신뢰를 주며, 너무 빠르거나 날카로운 말투는 불안이나 방어심리를 자극할 수 있다.

(2) 감정은 말이 아닌 '소리'로 전달된다

"죄송합니다"라는 말을 할 때도 기계적인 목소리로 전달하면 진심이 느껴지지 않는다. 감정이 담긴 목소리, 진심을 담은 억양은 공감을 이끌어내는 핵심 요소다.

4) 비언어의 일관성을 유지하라

(1) 말과 행동이 일치해야 신뢰를 준다

"도와드리겠습니다"라고 말하면서 무표정하거나 딴청을 피우는 모습은 오히려 혼란과 불신을 줄 수 있다. 말의 내용보다 먼저 전달되는 것은 행동과 태도이며, 진정성은 비언어에서 먼저 드러난다는 점을 기억해야 한다.

5) 문화적 차이와 고객 특성을 고려하라

(1) 문화마다 비언어의 해석은 다르다

어떤 문화권에서는 직접적인 눈맞춤을 불쾌하게 여기기도 하고, 가까운 거리에서의 대화를 부담스러워할 수도 있다. 다양한 고객을 응대하는 서비스 직무에서는 이러한 문화적 민감성을 갖추는 것이 또 하나의 중요한 비언어 전략이다.

5 목소리 톤 (준언어)

의사소통 시 목소리 톤, 어조, 목소리 크기, 고저 등은 말하는 이의 상태, 태도 느낌을 전달하게 된다. 이러한 언어를 준(準)언어라 하며 대화의 분위기를 좌우하게 된다. 예를 들어, 목소리 톤이 말하는 내용과 일치하면 더욱더 신뢰감을 형성하지만, 내용과 일치되지 않으면 상대방에게 오해를 불러일으킬 수 있다. 특히, 감정을 전달하는 상황에서 준언어를 효과적으로 사용하면 자신이 표현하고자 하는 메시지를 오해 없이 전달할 수 있다.

나의 목소리 톤은 어떠한가? 친구들에게 인터뷰를 해 보고 작성해 보자.

나의 대화 패턴을 주의 깊게 살펴보기 위하여 친구 및 가족에게 인터뷰를 실시해 보자. 각각 2~3명에게 인터뷰를 한 후 아래를 작성하여 조원들과 공유해 보자.

- 가족

- 친구

진짜 미소, 가짜 미소

1970년대 심리학자 폴 에크만은 표정연구를 통해 '진짜 미소'를 과학적으로 증명했다. 그에 의하면 우리의 얼굴은 42개의 근육을 움직이면서 서로 다른 표정을 만드는데, 여기서 미소는 19가지로 서로 다른 모양의 미소가 존재한다고 했다. 그런데 이 중에서 하나의 미소만이 진짜 미소이며, 나머지 18개의 미소는 가짜 미소에 해당한다고 결론 지었다. 가짜 미소는 입꼬리는 올라가지만, 눈은 웃지 않는 표정으로, 예를 들어 어색한 미소, 난감할 때 짓는 미소, 가장된 미소 등이 있다.

하지만 이와 관련하여 또 다른 실험결과가 있다. 뒤센은 진짜 미소와 가짜 미소에 관하여 연구하던 중 눈 주변의 근육은 진짜 미소를 지을 때만 움직인다는 것을 발견하며 눈과 입이 함께 웃는 진짜 미소에 대하여 그의 이름을 따서 '뒤센 미소'라고 이름 붙였다. 뒤센 미소는 입술 끝이 위로 당겨 올라가며 두 눈이 안쪽으로 약간 모인다. 그리고 두 눈가 근육이 움직여서 주름을 만들며 두 뺨의 상반부가 올라가게 된다. 이러한 미소는 내가 정말 행복할 때만 지을 수 있는 진짜 미소에 해당한다고 한다.

이러한 뒤센 미소는 상대방에게 호감을 전달하게 되며 밝은 표정을 유발하게 된다. 전염성이 있기 때문이다. 서비스 현장에서도 이러한 뒤센 미소가 필요하다. 고객이 왔을 때 억지로 미소를 만들어내는 가식적인 표정이 아니라 고객을 향한 진짜 미소, 즉 뒤센 미소가 필요한 것이다. 고객을 향한 뒤센 미소는 고객에게 나의 행복을 전달하게 된다.

어떤 직원은 밝은 표정이 중요하다고 하니 밝은 표정을 짓기 위해 혼자서 실실 웃고 있다. 하지만 이는 고객을 향한 진심 어린 밝은 표정이라 할 수 없을 것이다.

이러한 뒤센 미소를 가진 사람들을 대상으로 캘리포니아 오클랜드에 있는 밀즈 칼리지 졸업생 141명을 대상으로 30년간 연구조사를 실시하였다. 졸업사진 속에 뒤센 미소를 짓는 사람들을 대상으로 27세, 43세, 52세 되는 해에 그들과의 인터뷰를 통해 그들의 삶을 다양한 각도에서 분석하였는데 공통적인 특징을 발견할 수 있었다고 한다. 뒤센 미소를 가진 집단은 인위적인 미소를 지었던 집단에 비해 훨씬 더 건강하였으며 평균소득도 높았고 결혼생활에 대한 만족도 역시 높았으며 이혼율도 더 낮았다고 한다. 이는 뒤센 미소의 힘이라 할 수 있을 것이다. 진짜 미소를 짓다 보니 계속된 진짜 미소를 통해 자신의 삶을 더욱 행복하게 가꾸어 나갈 수 있었을 것이다.

■ 다음 각 문항을 읽고 평상시 자신의 대화 습관이나 연행에 비추어 어떠한지 다음 기준에 따라 객관적으로 평가해 보자.

1. 전혀 아니다. 2. 아니다. 3. 보통이다. 4. 그렇다. 5. 정말 그렇다.

	문항 내용	평 가				
1	나는 상대방의 이야기가 끝낼 때까지 잘 듣는다.	1	2	3	4	5
2*	다른 사람의 의견이 나와 일치하지 않으면 상대방을 어떻게 설득할까 생각한다.	1	2	3	4	5
3*	나의 의견에 대한 평가나 부정적인 피드백에 대해 바로 반응한다.	1	2	3	4	5
4	나는 대화할 때 상대방의 눈이나 얼굴을 바라보며 이야기한다.	1	2	3	4	5
5*	나는 종종 팔짱을 끼거나 등을 의자에 기대고 이야기를 한다.	1	2	3	4	5
6*	상대방이 장황하게 설명할 때 짜증이 난다.	1	2	3	4	5
7*	나는 기다리기보다는 나의 의견을 먼저 제시하는 편이다.	1	2	3	4	5
8	나는 대화할 때 고개를 자주 끄덕인다.	1	2	3	4	5
9	나는 상대방의 말에 관심이나 재미가 없더라도 집중하는 편이다.	1	2	3	4	5
10*	대화가 길어지면 내가 말을 많이 하는 편이다.	1	2	3	4	5
11	대화 중에 "아!", "응, 그렇구나", "세상에"와 같은 말을 자주 한다.	1	2	3	4	5
12	상대방의 의견을 듣는 동안 집중하고 메모한다.	1	2	3	4	5
13*	상대방의 이야기를 들으며 그(녀)에게 해 줄 말을 생각한다.	1	2	3	4	5
14*	내가 이미 알고 있는 사항에 대해 상대방이 설명할 때에는 주의를 기울이지 않는다.	1	2	3	4	5
15	상대방의 의견을 이해하기 전까지는 나의 의견을 제시하지 않는다.	1	2	3	4	5
16	질문을 통해 상대방의 의견을 묻고, 내가 정확히 이해했는지 확인한다.	1	2	3	4	5
17*	다른 사람의 의견이 나와 일치하지 않을 때, 내 의견을 고집한다.	1	2	3	4	5
18	상대방의 의견에 맞장구(맞아, 나도 같은 생각이야, 그러게 말이야 등)를 자주 친다.	1	2	3	4	5
19	상대방이 이야기를 계속하도록 "오, 그래?", "그래서?", "계속해봐" 등과 같은 말을 자주 한다.	1	2	3	4	5
20	상대방의 말을 간단히 반복하거나 요약해서 진의를 확인한다.	1	2	3	4	5

출처: 이재희 · 최인희(2014), 비즈니스 커뮤니케이션, 한올출판사

■ 각 문항에 대한 응답 결과를 다음의 집계표에 옮겨 적고, 범주별로 점수를 계산해 보자. 이때 별표(*)가 있는 항목(집계표에 색칠된 부분)은 점수를 거꾸로 옮겨 적는다.(즉, 1이라고 응답한 경우는 5로 적고, 2라고 응답한 경우는 4, 5라고 응답한 경우는 1로 옮겨 적는다. 3으로 응답한 경우는 그대로 옮겨 적는다.)

구 분	점수				소 계
말 자르지 않기	1.	3.	7.	17.	
관심 유지하기	6.	9.	14.	19.	
평가 · 조언 줄이기	5.	10.	13.	15	
핵심 파악하기	2.	12.	16.	20.	
표현하기	4.	8.	11.	18.	

■ 범주별로 소계 점수가 12점 이하이면, 해당 범주의 대화 원칙을 잘 지키지 않는다는 것을 뜻한다. 자신의 범주별 점수를 보고 느낀 점 및 향상방안에 대하여 작성해 보자.

CHAPTER 06

당당함 & 논리적 커뮤니케이션

SERVICE COMMUNICATION

1. 당당한 자기 표현
2. 논리적 표현법 PREP법

K는 며칠 전에 친한 친구 Y와 만나기로 약속했다. 약속 당일, K는 약속 시간에 늦지 않기 위해 아침부터 서둘러 준비하며 Y를 오랜만에 만날 기대에 부풀어 있었다. 약속장소에 먼저 나가 친구를 위한 작은 선물까지 준비하며 기다리고 있었는데, 약속 시간이 다 되어도 친구가 나타나지 않았다. 친구가 조금 늦는가 보다 생각하고 인터넷을 하며 기다렸다. 하지만 20분이 지나도 친구가 오지 않아 전화를 했다. 그런데, 친구는 약속을 깜박했다는 것이다. 지금은 다른 친구를 만나러 다른 곳에 있으니 오늘은 만날 수가 없다고 하는 것이다.

K는 너무 당황스러웠다. 일단 알겠다고 전화를 끊었다. 전화를 끊고 나니 예전에도 Y를 만날 때 비슷한 일이 있었던 것을 기억했다. 그때도 그냥 그러냐며 넘어갔는데, 오늘 또 이런 일이 생긴 것이다. 앞으로 이 친구와 계속 만남을 이어가야 할지 고민이 된다.

"효과적인 듣기의 예술은 명확한 소통에 필수이며,
명확한 소통은 경영 성공에 필수이다."

– 제임스 캐시페니

06 CHAPTER 당당함 & 논리적 커뮤니케이션

1 당당한 자기 표현

자기표현은 내가 느끼는 감정, 생각, 바람을 다른 사람에게 솔직하고 적절하게 전달하는 것이다. 타인과 함께 살아가는 사회 속에서 자기표현은 원활한 소통의 기본이 되며, 건강한 관계를 유지하는 데 필수적인 역할을 한다. 내가 무엇을 좋아하고 싫어하는지, 어떤 점이 불편했는지 명확히 표현해야 상대방도 나를 이해하고 존중할 수 있다.

자기표현은 자존감과 자기결정감을 높이는 데 도움을 준다. 자신의 감정과 입장을 존중받고 있다는 느낌은 내 존재의 가치를 인정받는 중요한 경험이 된다.

자기표현을 하지 못하면 감정이 누적되어 스트레스와 불만, 억울함으로 이어질 수 있다. '말하지 않아도 알겠지'라는 기대는 종종 오해를 낳고, 결국 관계의 거리를 벌어지게 만든다. 또한 표현을 하지 못하고 참는 태도는 상대방으로서는 무시나 오해로 받아들일 수 있으며, 반복되면 자신감 저하와 심리적 위축으로 이어질 수 있다.

결국 자기표현은 나 자신을 지키는 방식이자, 타인과 건강하게 연결되는 다리이다.

1) 자기 표현적인 사람

① 자기의 생각을 전달할 줄 안다.

② 의견표현을 두려워하지 않는다.

③ 요청, 설명할 줄 안다.

④ 분노, 애정, 감사, 고통, 자부심의 표현 등 항상 감정 표현이 다양하다.

⑤ 자신감이 있다.

⑥ 자신의 두려움을 받아들여 다스릴 수 있는 용기를 가지고 있다.

⑦ 기술을 하나 더 가졌다고 자부한다.

출처: 박경록 · 이철규(2017), 대인관계 능력, 한올출판사

2) 자기 표현 방법의 기대 효과

① 개인성장 및 상호성장

② 스트레스 대응능력 증대

③ 문제해결의 열쇠로써 활용

④ 사회생활에 대한 긍정적인 태도

⑤ 상호 자존감이 높아짐

출처 : 박경록 · 이철규(2017), 대인관계 능력, 한올출판사

3) '나' 메시지 전달법(I message)

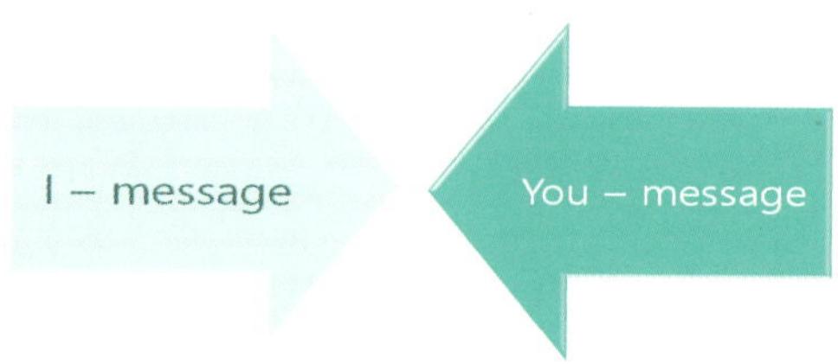

I message는 나를 주어로 하여 상대가 아닌 나에게 초점을 맞추어 자신의 감정과 느낌을 솔직하게 표현할 수 있는 대화기술이다. I message의 표현법은 상대방에 대한 존중의 느낌을 담고 있다. 그러므로 의사소통 시 메시지에 대한 저항을 줄일 수 있는 표현법으로 갈등을 방지할 수 있다.

예를 들어 "당신이 ~ 한 행동을 할 때 나는 ~를 느껴요."라고 표현하는 방식이다. 즉, 상대방의 구체적 행동이나 사실과 함께 자신의 느낌 및 감정을 표현하는 것이다. 이는 상대방의 감정을 상하지 않게 자신의 느낌과 감정을 표현하면서 상대방에게 공감을 불러일으키는 효과적인 표현방법이 될 수 있다. 나 전달법은 크게 네 부분으로 구분할 수 있다.

① 행동 및 사실

상대방의 문제가 되는 특정 행동에 대한 구체적이고 분명한 사실에 대하여 말한다.

② 느낌 및 감정

그 행동으로 인해 내가 느꼈던 느낌과 감정을 이야기한다.

③ 영향

행동으로 인하여 나에게 미치는 영향에 관하여 이야기한다.

④ 요구

내가 원하는 요구사항을 이야기한다.

4) '너' 메시지 전달법(You message)

You message는 상대방에게 초점을 맞추는 대화방식으로 상대방의 잘못된 행동에 대하여 언급한다. You message는 상대방의 욕구보다 자신의 욕구를 더욱 중요하게 생각하는 대화방법으로, 상대방에게 반항과 적대감의 반응을 유발하게 된다.

예를 들어 "당신 때문이야.", "네가 ~~이기 때문에"처럼 상대의 잘못된 행동에 초점을 맞춘 방식이다. You message를 들은 상대방은 질책당하는 느낌을 받게 되며 감정적으로 받아들일 수 있다. 그러므로 You message를 사용하는 것보다 I message를 사용하는 것이 효과적인 전달법이라 할 수 있다.

	I message	You message
개념	나를 주어로 상대가 아닌 나에게 초점을 맞추어 자신의 감정과 느낌을 솔직하게 표현	상대방에게 초점을 맞추는 대화방식으로 상대방의 잘못된 행동에 대하여 언급
사례	1) "나는 네가 늦게 와서 무슨 나쁜 일이 있었나 걱정됐어." 2) "네가 그렇게 행동하니(사실, 행동) 내가 무안하고 무시당하는 기분이었어(느낌, 감정)." "그래서 한동안 멍하니 아무것도 할 수 없었어. (영향)" "다음부터는 조심해주면 좋겠어, 그럴 수 있겠니? (결과)" 3) "너의 책상이 어질러져 있어 네가 공부에 집중을 잘하지 못할까 봐 염려스럽구나."	1) "넌 언제나 왜 그렇게 늦니?" 2) "너 정말 어이없다." 3) "책상이 왜 이렇게 지저분하니?"

상대방의 구체적인 행동으로 나의 기분이 좋지 않았던 장면을 떠올려 보자. 나는 그때 어떤 행동과 말을 하였는가? 언어적 요소와 비언어적 요소로 나누어 살펴 보자.

- 상대방의 구체적 행동

- 그때 내가 표현했던 행동과 말은 무엇인가?

다시 그때의 상황으로 돌아가서 I message로 상대방에게 전달해 보자.

- 행동 및 사실

- 느낌과 감정

- 영향

- 결과

2 논리적 표현법 PREP법

PREP법은 Point(결론, 핵심 내용), Reason(근거, 이유), Example(사례, 예), Point(결론, 제안)의 각 단어의 머리글자를 딴 것으로 자신이 말하고자 하는 바, 즉 핵심과 이유 등을 명확하게 표현함으로써 논리적인 설득력을 더할 수 있다.

논리적인 표현에는 자신이 말하고자 하는 바가 명확해야 한다. 자신이 말을 하는데 말하고자 하는 핵심과 의도가 무엇인지 모른다면 이미 논리적인 표현과는 거리가 멀어진다. 자신의 주장을 말하기 전, 자신이 무엇을 말할지 핵심과 요점을 분명하게 말할 수 있어야 한다.

① Point: 핵심과 결론부터 말한다.

핵심과 결론부터 말하면 자신의 입장을 오해 없이 확실하게 표현할 수 있다. 또, 상대방에게 자신감 있게 비칠 수 있다. 그리고 자신이 말하고자 하는 바가 명확해지며, 상대방의 기억에도 확실하게 남길 수 있다.

② Reason: 핵심과 결론에 따른 근거와 이유가 있어야 한다.

그래야 상대방을 이해시키고 설득할 수 있다. 이때 근거와 이유는 합당해야 한다. 특히 업무적인 대화에서 근거와 이유는 주장에 대한 설명을 뒷받침하며, 상대방을 이해시키고 설득하는 핵심이 될 수 있다.

③ Example: 주장에 관한 사례와 예시가 있다면 이를 덧붙여 말한다.

이는 자신의 핵심과 주장을 더욱 생생하게 뒷받침하며, 상대방의 공감을 이끌어낸다.

④ Point: 마지막으로 다시 한번 의견 및 주장을 표현한다.

상대방에게 자신의 의견을 좀 더 명확하게 인지시킬 수 있으며, 논리적으로 이해시킬 수 있다.

① Point(결론, 핵심 내용): 결론에 대하여 제시
② Reason(근거, 이유): 결론에 따른 이유 제시
③ Example(사례, 예): 구체적인 사례
④ Point(결론, 제안): 마지막으로 한 번 더 결론 제시

① Point(결론, 핵심 내용): 결론에 대하여 제시
저는 행복한 삶을 자신이 만들어가는 것은 중요하다고 생각합니다.

② Reason(근거, 이유): 결론에 따른 이유 제시
왜냐하면, 행복한 삶은 누군가에 의해 결정되는 것이 아니기 때문입니다.
그리고 행복한 삶을 만들어 나가면서 더욱더 활기차고 진취적인 행복한 삶을 경험할 수 있기 때문입니다.

③ Example(사례, 예): 구체적인 사례
예를 들어 닉 브이치치는 자신의 고난 속에서도 자기 삶의 도전을 통해 행복한 삶을 만들어나가고 있는 모습을 볼 수 있습니다.

④ Point(결론, 제안): 마지막으로 한 번 더 결론 제시
결론적으로 행복은 자신이 어떠한 삶을 만들어나가느냐에 따라 달려있으며 자신이 행복을 만들어나가는 것은 중요하다고 생각합니다.

'내가 원하는 삶' 또는 자유 주제로 PREP법으로 작성해 보자.

① Point(결론, 핵심 내용): 결론에 대하여 제시

② Reason(근거, 이유): 결론에 따른 이유 제시

③ Example(사례, 예): 구체적인 사례

④ Point(결론, 제안): 마지막으로 한 번 더 결론 제시

CHAPTER 07

호감을 주는 커뮤니케이션

SERVICE COMMUNICATION

미국 캘리포니아 데이비스 대학교의 로번트 에먼스 교수와 마이애미 대학교의 마이클 매컬로프 교수는 다음과 같이 감사에 관한 연구를 실시했다.

실험대상을 A, B, C 그룹으로 나누어 일주일 동안 각각 그룹에 일정한 말과 행동에 집중하도록 했다. A 그룹은 기분 나쁜 말과 행동, B 그룹은 고마움을 드러내는 말과 행동, C 그룹은 일상적인 말과 행동으로 정했다.

실험 결과, 감사의 말과 행동을 했던 B 그룹의 사람들이 가장 행복감을 느낀 것으로 나타났다. 그리고 매일 감사하는 태도를 연습하면 더 효과적이라는 것도 밝혀졌다.

또한, 1년간의 연구 결과에서도 감사하는 태도를 보이기 위해 의식적으로 노력한 실험 참가자들은 심리적으로 신체적으로 많은 긍정적 변화를 겪은 것을 확인했다. 그들은 "삶에 대해 더 행복하다고 느끼게 되었다.", "낙천적인 성격으로 변했다.", "다른 사람들을 돕는 데 적극적으로 나서게 되었다.", "다른 사람들로부터 관대하고 친절한 사람이라는 평판을 얻게 되었다.", "유머감각이 생겼다." 등 긍정적인 변화가 나타났음을 이야기했다.

출처: 이지연(2021), 뷰카시대, 당신이 꼭 알아야 할 커뮤니케이션 기술, 지식플랫폼

"자신을 다루려면 머리를 사용하고,
다른 사람을 다루려면 마음을 사용하라."

– 엘레노어 루즈벨트

07 CHAPTER 호감을 주는 커뮤니케이션

1 인사

'인사(人事)'를 풀이하면, 사람으로서 마땅히 해야 할 일로 사람이 가장 기본적으로 행하는 예라고 할 수 있다. 우리는 인사를 통해 소통의 시작을 알린다. '안녕하세요', '어서오세요' 등의 인사말을 통해 상대방에 대한 존중과 호감을 표현한다. 상대방은 나를 알아봐 줌을 느끼며 상대방에게 친근감과 함께 좋은 관계를 유지하는 계기가 된다. 특히, 고객에게는 서비스의 기본시작점이 될 수 있다.

1) 밝은 표정으로 인사한다

인사는 상대방을 바라보며 밝은 표정으로 하는 것이 바람직하다. 상대방에게 호감이 있다는 마음을 표정으로 전달할 수 있어야 한다.

2) 눈맞춤은 기본이다

눈은 마음의 창이다. 눈맞춤을 통해 마음의 인사를 할 수 있어야 한다. 인사를 하는데 시선이 다른 곳을 향한다면 상대방에 대한 불편함을 드러내는 것과 같다.

3) 상황에 맞는 인사를 하도록 한다

T.P.O에 맞는 인사를 할 수 있어야 한다. 서서 바른 자세로 인사를 해야 하는 곳도 있으나 앉는 자세로 가볍게 목례로 대신해야 하는 상황도 있다.

4) 다양한 인사말과 상냥한 말투로 인사한다

'안녕하세요'라는 간단한 인사말 외에도 상황에 맞는 다양한 인사말로 친근감을 더할 수 있다.

5) 마지막 인사가 더욱 중요하다

첫인사도 중요하지만, 마지막 인사는 마지막까지 상대방에 대한 관심과 존중을 표현하는 것이다. 따라서 마지막 인사를 한 주체에 대한 이미지가 좌우될 수 있다.

2 긍정말투 & 긍정표현

호감을 주는 사람의 특징 중 하나는 긍정의 말투를 가지고 있는 사람이다. '안녕하세요'라는 간단한 인사말이라 하더라도 상대방을 존중하고 배려하는 말투와 무시하는 듯한 말투는 확연히 다르다. 똑같은 단어와 문장이더라도 어떤 말투를 사용하느냐에 따라 그 느낌과 의미는 180도 달라진다.

말투뿐만 아니라 단어의 표현에서도 긍정의 표현은 상대방에 대한 배려이다. 흔히 사용하는 부정적인 단어 중에 '안 됩니다.', '그건 제가 잘 모르겠습니다.' 같은 표현보다는 '곤란합니다', '제가 확인해 보도록 하겠습니다.' 등의 표현을 한다면 상대방에게 좋은 느낌을 전달할 수 있다.

부정표현	바람직한 표현
안 됩니다.	죄송합니다만, 그 부분은 곤란합니다.
그건 제가 잘 모르겠습니다.	그 부분은 ○○○부서에서 담당하고 있습니다. 제가 담당자를 안내해 드리겠습니다. 제가 확인 후에 말씀드리겠습니다.
그것도 모르세요?	○○○님, 이 부분은 대체로 이렇게 많이 합니다. 괜찮으시다면 이렇게 처리해 드릴까요?
신분증이 없으면 안 돼요.	신분증이 있어야지만 처리할 수 있습니다.
지금은 바빠서 안 돼요.	죄송합니다만, 급한 일을 먼저 처리한 후에 처리해 드리겠습니다.

내가 자주 사용하는 일상 표현 중에서 부정의 표현을 찾아서 긍정의 문장으로 만들어보자.

3 쿠션화법

쿠션은 편안하고 푹신푹신한 느낌을 전달한다. 이처럼 쿠션화법은 상대방에게 자칫 딱딱하고 불편한 얘기를 해야 할 때 미리 부드럽게 편안한 느낌을 줄 수 있는 화법이다. 상대방의 기분이 상할 수 있는 내용, 즉 부탁이나 거절, 강압적인 표현, 부정적인 언급 등을 해야 하는 상황에서 쿠션어를 함께 사용하면 내용과 감정이 오해 없이 전달될 수 있다. 예컨대 상대방에게 메시지를 전하기 전에 '죄송합니다만~' 등의 쿠션어를 사용한다면 상대방에게도 공손한 느낌이 전달되어 기분이 덜 상하게 된다.

- 죄송합니다만~
- 괜찮으시다면~
- 불편하시겠지만~
- 양해해주신다면~
- 실례하지만~
- 번거로우시겠지만~
- 바쁘시겠지만~

일반화법	쿠션화법
그것은 없습니다.	죄송합니다만, 준비되어 있지 않습니다.
잠시 기다려요.	죄송합니다만, 잠시 기다려주십시오.
서명해 주세요.	죄송합니다만(수고스럽지만), 서명 부탁드립니다.
내일 나오셔야 합니다.	괜찮으시다면 내일 방문 가능하겠습니까?

명령형을 의뢰형으로

명령형	의뢰형
~하세요.	~해 주시겠습니까?
~해주시기 바랍니다.	~해 주시면 감사하겠습니다.
~주세요.	~부탁드리겠습니다.

4 감사

감사는 다른 사람으로부터의 호의나 혜택에 대한 고마움을 나타내는 인사로 고맙게 여기는 마음을 뜻한다. 감사는 한 사람의 정서와 태도, 도덕적 덕, 습관, 생활방식 등으로 다양하게 표현되고 있다. '감사하다'의 영어 'thank'는 고대 영어 'pancian(감사함을 전한다)'에 그 뿌리를 두고 있으며, 그 어원인 'panc'는 'think(생각하다)'의 어원이다. 즉 'think(생각하다)'와 'thank(감사하다)'의 어원은 같다. 그런 의미에서 생각하는 것과 감사의 연관성에 대하여 짐작해 볼 수 있다. 감사는 생각하는 것에서 비롯되며 깊은 생각이 감사를 불러일으킨다.

하루 동안 감사했던 일을 일기로 작성해 보자. 많은 긍정심리학자 및 전문가들은 감사의 중요성과 그 효과성을 입증하며 감사일기 작성을 언급한다. 오늘 감사했던 일들과 그 이유를 긍정적으로 쓰는 것이다.

가족, 학교, 사회, 직장 등에서 느꼈던 감사한 일을 생각하며 쓰다 보면 무엇보다 삶을 긍정적으로 바라보며 긍정적인 정서를 키울 수 있다. 우리가 함께 근무하는 직원들, 또는 고객들에게도 수시로 감사함을 전달함으로써 나의 행복지수를 높여보자.

감사한 일 3가지 작성

1.

2.

3.

- 대상:
- 이유:

- 대상:
- 이유:

- 대상:
- 이유:

5 칭찬화법

'칭찬은 고래도 춤추게 한다'는 말이 있듯이 칭찬을 받고 기분이 나쁜 사람은 없다. 사람은 누군가에게 인정받고자 하는 심리가 있는데, 칭찬을 받으면 인정 욕구가 충족될 뿐 아니라 동기부여를 일으킨다. 그리고 개인을 춤추게 할 뿐 아니라 조직에도 긍정적인 영향을 미치게 된다.

1) 결과보다는 과정을 칭찬

결과에 앞서 과정에 초점을 맞춰 칭찬한다면 자신을 통제하는 법을 배우며, 자신에 대한 도전으로 이어갈 수 있다.

"수연씨는 언제나 열심히 노력하는 모습이 보기 좋아요!"

"언제나 지각과 결석도 안 하고 성실하게 임하는 모습이 너무 보기 좋습니다. 다른 사람들에게도 본이 되어 줍니다."

2) 진실한 마음과 긍정적 시각으로 칭찬

긍정적인 시각으로 사람을 바라본다면 단점보다는 장점을 더 많이 발견할 수 있다. 또한, 진정성이 있는 칭찬은 상대방의 마음에도 진심으로 와닿게 된다.

3) 구체적인 칭찬

칭찬을 위한 칭찬, 무조건 칭찬하기가 아닌 행동과 사실, 태도 등에 대하여 구체적으로 칭찬한다.

"이번 보고서 작년 자료랑 비교하여 그래프로 나타낸 부분이 아주 좋았어. 언제나 일을 할 때 명확한 분석력이 돋보여요~! 잘했어요! "

4) 제3자를 통한 간접 칭찬

당사자에게 하는 칭찬도 좋지만, 당사자가 없을 때 제3자에게 칭찬함으로써 칭찬의 효과를 극대화할 수 있다.

5) 공개적으로 칭찬

공개적인 비판은 피해야 하지만, 공개적인 칭찬은 보상으로 받아들이고 고무됨으로써 그 효과는 더욱 커진다.

6) 즉시 칭찬

칭찬에도 타이밍이 중요하다. 이미 지나간 내용을 칭찬한다면, 오히려 칭찬의 의도를 의심하며 그 효과는 반감될 수 있다. 그 즉시 칭찬하도록 한다.

"한 달 전에 입었던 파란색 원피스 너무 예쁘고 멋있었어요!"(X)

"오늘 너무 멋져 보이는데? 노란색 원피스가 너무 잘 어울려요."(O)

내가 들었던 기분 좋았던 칭찬은 어떤 것이 있는가? 그리고 칭찬을 받으면 나는 어떻게 반응하는가? 이들에 대하여 작성해 보고 조원들과 공유해 보자.

초등학생을 대상을 두 그룹으로 나누어 칭찬을 하였다. 한 그룹은 “똑똑하구나.”라며 결과에 칭찬을 초점을 맞추었으며, 다른 그룹은 “공부를 열심히 하는구나.”라고 과정에 초점을 맞추었다. 그리고 학생들에게 새로운 것을 배울 수 있는 문제를 선택하도록 하였는데, 지능에 대한 칭찬을 받은 학생들은 쉬운 문제를 선택하였으며 과정에 대한 칭찬을 받은 학생들은 어려운 문제를 선택하였다.

다음 단계로 다시 모두에게 어려운 문제를 냈는데, 지능에 대한 칭찬을 받은 학생들은 어려워했지만, 과정에 대한 칭찬을 받은 학생들은 힘들었지만 재미있었다고 반응하였다. 마지막 단계로 첫째 단계와 같은 문제를 마지막으로 다시 제출하였는데 지능에 대한 칭찬을 받은 학생들은 성적이 처음보다 20% 내려갔지만, 노력에 대해 칭찬을 받은 학생은 30% 정도 성적이 올라갔다.

CHAPTER 08

존중과 배려의 커뮤니케이션

SERVICE COMMUNICATION

1. 호칭
2. 사과
3. 요구
4. 거절
5. Yes, but
6. 아론슨 화법

스티브 잡스가 12살 때 빌 휴렛(휴렛팩커드 HP의 공동 창업자, 당시 CEO)에게 전화를 걸었다. 당시 잡스는 팔로알토에 살고 있었는데 전화번호부에 빌 휴렛의 번호가 있었던 것이다. 전화를 걸자 그가 직접 받았다.

"여보세요? 안녕하세요? 저는 스티브 잡스라고 합니다. 저는 12살입니다. 주파수 계수를 만들고 싶어서 연락드렸습니다. 혹시 남는 부품이 있으면 저에게 주실 수 있을까요?"

그러자 휴렛은 웃으면서 스티브 잡스에게 주파수 계수기를 만드는 데 필요한 부품을 보내줬을 뿐 아니라, 그해 여름 휴렛팩커드에서 일할 수 있도록 해줬다. 그곳은 스티브 잡스에게 천국이었다. 스티브 잡스는 전화로 부탁했을 때 "안 돼."라고 말하거나 바로 전화를 끊어버리는 사람을 만나본 적이 없다고 말한다. 그래서 도움이 필요하면 무조건 전화를 했다.

출처: 김찬배(2014), 요청의 힘, 올림

"분명한 사실은 어떠한 상황에서
어떻게 해야 옳은 지를 당신은
잘 알고 있다는 것이다.
그러나 그것을 행하는 것은 어렵다."

– 노먼 스워츠코프

08 CHAPTER 존중과 배려의 커뮤니케이션

1 호칭

비즈니스에서 올바른 호칭을 사용하는 것은 기본적인 예의이다. 대화는 '호칭'을 하면서 시작하게 되는데, 상사와 동료, 고객에 대한 바른 호칭은 존중의 표현이자 원만한 관계를 형성하는 데 도움을 준다.

1) 상급자 호칭

직장에서 기본 호칭은 직위가 있을 경우 직위 뒤에 '~님'이라고 호칭하며, 직위가 없는 선배일 경우에는 '~ 선배님'으로 호칭할 수 있다.

2) 동급자 & 하급자 호칭

상사에게는 '과장님', '팀장님'으로 호칭하지만, 직급이 같거나 동료인 경우에는 '~과장', '~부장'으로 호칭하기도 한다.

3) 차상급자에게 상급자 호칭

차상급자에게 상급자의 지시나 결과를 보고할 때 직책이나 직위만을 사용한다.
예) 과장이 사장 옆에서 부장의 지시를 보고할 때
"○○○ 부장이 지시한 일이 있습니다."

4) 직위가 없을 경우

직위가 없을 경우 이름 뒤에 '-님', '-씨'를 붙여 호칭하기도 한다.

5) 고객 호칭

고객의 호칭은 일반적으로 고객님이라고 호칭한다. 이름을 알고 있을 경우 이름 뒤에 '-님'이라고 호칭할 수 있다. 이름과 함께 호칭할 경우 친근감을 더할 수 있다.

※ 틀리기 쉬운 호칭

- 상사에 대한 존칭은 호칭에만 쓴다.
  예) 사장님실 (X), 사장실(○)
- 문서에는 상사의 존칭을 생략한다.
  예) 사장님 지시 (X), 사장 지시 (○)

요즘 기업은 상호존중의 문화로 직급이 같거나 부하직원이라 하더라도 '-님'자를 붙여 호칭하기도 한다. 또는 이름 뒤에'-님'이라 호칭하는 경우도 존재한다. 기업의 문화에 따라 상황에 맞게 적용할 수 있다.

2 사과

사람은 누구나 실수를 하게 되는데 실수에 대한 사과하는 것은 말처럼 쉽지 않다. 그래서, 자신의 잘못된 행동이나 말에 대하여 올바른 사과가 이루어지지 않을 때 더 큰 부작용이 생기는 경우를 볼 수 있다. 특히, 매스컴에서 사과의 메시지를 전하는 모습이 방영되지만, 사과방송이 나간 후 더 많은 비난이 쏟아지는 사례를 흔하게 볼 수 있다. 그렇다면 상대방에게 진심 어린 사과를 전하며 진정한 관계 회복 및 개선이 이루어질 수 있는 올바른 사과의 방법에 대하여 살펴볼 필요가 있다.

1) 사과의 기술

(1) 잘못을 인정한다

사과를 하기 위해서는 자신이 한 행동이나 말에 대하여 잘못을 인정해야 한다. 잘못을 인정하지 않고 사과를 하게 되면 형식적인 사과가 될 것이고 듣는 이가 진정성을 느낄 수 없다. 자신도 잘못을 인정하지 않으면 다른 핑계를 대기 시작하며 책임을 회피하게 된다. 진심으로 자신의 잘못된 모습에 대하여 인정하는 자세가 중요하다.

(2) 사과의 타이밍이 중요하다

누구나 실수를 할 수 있지만, 사과도 없이 뻔뻔하게 넘어가려고 하는 사람도 있다. 하지만 자신의 실수를 인정하며 곧바로 사과하는 것이 올바르다. 사과를 빨리 해서 더 큰 문제로 번지는 것을 미리 막을 수 있기 때문이다. 하지만, 상대방이 너무 화가 많이 난 경우에는 조금 화를 누그러뜨릴 수 있도록 배려해야 한다. 자신만 사과한다고 해서 모든 것이 끝나는 것은 아니다. 상대방도 사과를 받아들일 수 있는 시간이 필요하다.

(3) 책임과 해결책을 제시하기

자신이 실수한 부분을 언급하며 그 부분에 대하여 구체적으로 표현할 수 있어야 한다. 그러한 모습에서 자신의 잘못에 대하여 책임지려는 태도를 보여줄 수 있다. 또한, 잘못한 부분에 대하여 구체적인 해결책을 제시해 책임감 있는 모습을 보여주어야 한다.

"내가 지난번 약속을 잊어버렸던 것 진심으로 미안해. 그 약속이 우리에게는 중요한 약속이었는데 너한테 상처를 줘서 더욱 미안해, 다음부터는 잊어버리지 않도록 적어놓도록 할게. 그리고 다시는 약속을 지키지 않는 일은 없도록 약속은 철저히 지키도록 노력할게."

(4) 만나서 사과하기

요즘에는 다양한 의사소통 수단이 생겨서 커뮤니케이션이 수시로 다양하게 이루어지고 있다. 하지만 미세한 감정을 전달하며 공감해야 하는 상황에서 여러 의사소통 채널들은 오해를 일으키기 쉬우며 자신의 의도와는 다르게 전달될 가능성이 있다. 사과의 경우도 마찬가지다. 자신의 진심 어린 사과의 마음을 전달하고 상대방의 감정에 공감해야 하는 상황에서 전화나 카톡 등의 수단들은 그 한계를 가지고 있다. 직접 만나서 사과를 했을 때 오해 없는 진심이 전달될 수 있다. 또는 시간이 많이 흐른 사건에 대한 사과는 편지로서 진심을 전달해 보자.

2) 사과의 3단계

2001년 『사과의 힘』을 쓴 베벌리 엥겔은 '의미있는 사과에 들어있는 3R'에 대하여 소개하였다. 3R은 바로 Regret(후회), Responsibility(책임), Remedy(치유, 보상)로 3단계로 사과를 해 보자.

(1) Regret(후회)

상대방에게 하지 말았어야 할 행동이나 말에 대한 후회를 솔직하게 말한다. 사과해야 할 부분에 대하여 구체적으로 미안하다는 표현을 한다.

(2) Responsibility(책임)

후회에서 그치는 사과가 아닌 책임까지 질 수 있어야 한다.
"그 부분은 저의 잘못입니다."와 같이 표현할 수 있다.

(3) Remedy(치유, 보상)

대인 및 치유 단계로, 보상할 수 있는 부분에 대하여 보상할 수 있어야 한다.

내가 전하지 못했던 사과가 있다면 무엇인가?

또는 잘못된 사과의 표현으로 진심이 전달되지 못했던 사과의 표현들은 무엇인가?

3 요구

사회생활을 하면서 여러 이유로 요구를 해야 하며 도움을 요청해야 할 때가 더욱 많아지고 있다. 이제는 더 이상 혼자서는 일을 잘할 수 없으며 팀과 협력하여 일이 이루어지는 경우가 더욱 많아졌기 때문이다. 하지만 사람들은 대부분 거절당할지 모른다는 생각 때문에 요구조차 시도하지 못하는 경우가 많다. 직장이나 조직에서 일 잘하는 사람들을 살펴보면 그들의 공통된 특징이 있다. 바로 요청을 잘하는 것이다.

『요청의 힘』이라는 책에서는 요청의 12가지 방법을 제시하였는데, 다음의 방법을 참고하여 요청의 힘을 길러보자.

- 일단 요청하라
- 열정으로 요청하라
- 요청할 만한 사람에게 요청하라
- 진정성을 가지고 요청하라
- 노력하는 모습을 보여주며 요청하라
- 끈기 있게 요청하라
- 상대가 들어줄 만한 환경을 조성하라
- 기분 좋게 요청하라
- 분명하게 요청하라
- 먼저 주면서 요청하라
- 전문가에게 물어라
- 도움을 받고 나서가 더 중요하다

내가 요구하고 싶었지만 할 수 없었던 요구가 있다면 무엇인가?
요구의 내용을 작성해 보고 요구하기를 실천해 보자.

- 대상 :
- 요구 내용 :
- 요구하기 전에 내가 해야 할 것들 :
- 어떻게 요구할 것인지에 대하여 구체적으로 문장을 작성해 보자.

4 거절

사회생활을 하다 보면 부탁을 하거나 받는 상황이 예기치 않게 발생한다. 일반적으로 사람들은 거절하는 데 부담을 느끼며 힘들어하지만, 그렇다고 거절하지 않는다면 서로에게 더 좋지 않은 부정적인 영향을 미칠 수 있다. 무리한 부탁을 정중하게 거절함으로써 더 좋은 관계를 맺을 수 있는 만큼 현명하게 거절할 수 있어야 한다.

『죄책감 없이 거절하는 용기』의 저자인 임상심리학자 마누엘 스미스는 거절에 대하여 "다른 사람들의 비판과 비난이 두려워 거절을 잘하지 못하는 것"이라며 "이는 아이를 무지한 존재로 인식하고, 불안에 떨게 하며, 죄책감을 심어주는 등 감정을 통제하는 방식의 교육문제"라고 했다. 실제로 부탁을 거절했을 때 사람들은 미안함과 죄책감을 느끼는데 특히 한국 사람은 타인의 기대와 감정에 맞춰 사는 데 익숙하기 때문에 더더욱 거절을 어려워한다.

덴마크 속담에 '지킬 수 없는 약속보다 지금 거절하는 게 낫다'는 말처럼 거절은 향후에 더 좋은 관계를 맺을 수 있으므로 현명한 거절방법을 통해서 거절할 필요가 있다.

1) 거절의 방법

① 원칙과 근거가 있어야 한다

거절에는 분명한 자신의 기준이 있어야 한다. 자신의 기분에 따라 거절과 승낙이 이루어진다면 상대방에게 납득할 수 없는 부정적인 감정을 남기게 된다. 또한 자신의 기준과 함께 분명한 이유를 설명할 수 있어야 한다. 거절 할 수 밖에 없는 분명한 이유를 논리적으로 말하게 되면 상대방도 기분 상하지 않고 납득할 수 있게 된다.

"죄송합니다. 이번 주 토요일에는 가장 친한 친구 결혼식이라 찾아뵙기가 힘들 것 같습니다"

② 거절의 타이밍

상대방의 부탁을 바로 거절하기에 앞서 생각을 해 보고 거절하는 모습이 필요하다. 조금도 생각하지 않고 바로 거절한다면 상대방은 단호함과 무성의함에 섭섭함을 느끼게 된다. 부탁에 대한 최소한의 모습으로 생각해 보는 액션이라도 취하고 거절하는 모습은 상대방에 대한 배려라 할 수 있다.

"제가 생각해 보고 말씀드려도 될까요?"

"잠시 생각할 시간을 주시면 제가 잠시 후에 말씀드리겠습니다."

하지만 상황에 따라 즉시 거절할 필요가 있을 때가 있다. 말도 안 되는 불가능한 부탁이나 즉시 거절하는 편이 상대방을 위하는 것이라면 분명하고 명확하게 거절하여 더 큰 기대를 하지 않도록 배려해야 한다.

③ 제안을 경청하고 인정하라

수락 또는 거절을 하기 전 상대방의 제안에 대하여 먼저 경청하고 인정해주어야 한다. "정말 좋은 제안이군요." 또는 "아, 그런 일이 있으시군요."라고 먼저 경청하며 공감의 표현을 통해서 인정한 후 거절하게 되면 자존심을 상하지 않게 하면서 거절할 수 있다.

④ 'Yes–No–Yes' 대화법

거절한다고 해서 'No'라고만 말하면 상대방은 자존심이 상하게 된다. 상대방을 배려하는 방법으로 'Yes-No-Yes' 대화 패턴을 활용해 보자. 더 좋은 관계의 발전을 위하여 대화의 방식에도 신경을 써야 한다.

(Yes) '당신의 부탁을 들어주고 싶다'
'아, 좋은 제안입니다.'

(No) '하지만 이런저런 이유로 지금은 곤란합니다.'
'○○○○ 때문에 그 부분은 제가 할 수 없을 것 같습니다.'

(Yes) '거절할 수밖에 없어 정말 죄송합니다.'
'다음번에 적극적으로 수렴할 수 있도록 신경 쓰겠습니다.'

내가 거절하기 힘든 상황은 어떤 경우인가? 그 이유는 무엇인가?
다음에 똑같은 상황이라면 어떻게 의사소통할 것인가?

5 Yes, but

상대방 또는 고객이 말을 할 때 나와는 다른 의견 또는 잘못된 사실이 있을 수 있다. 이런 경우에는 Yes, but 화법을 통해 자신의 의견을 분명하게 말할 수 있다. 하지만, 처음부터 상대방의 말을 부정하고 자신의 의견을 말한다면 상대방에게 거부감을 줄 수 있다. 이때, 'Yes~'라는 단어를 통해 먼저 상대방의 말에 대하여 공감과 존중, 그리고 인정의 표현할 수 있다. 그리고, 'but~'을 통해 자신의 의견을 부드럽게 표현할 수 있다.

Yes: 네, 선생님의 생각은 충분히 이해가 됩니다.
But: 그런데, 저는 ~라고 생각합니다.

6 아론슨 화법

미국의 심리학자 Aronson의 연구 결과, 사람들은 처음에 부정적인 말을 듣고 나중에 긍정적인 말을 듣게 되면 계속 긍정적인 말을 들은 것보다 더 큰 호감을 느낀다고 언급하였다. 우리가 상대방 또는 고객과 대화를 할 때 항상 긍정적인 메시지만을 전달하는 경우는 드물다. 일반적으로 부정적인 메시지를 먼저 전달하는 것을 어려워하는 경우가 많지만, 먼저 부정적인 메시지를 전달한 후 긍정적인 메시지를 전달한다면 상대방에게 긍정적 이미지를 전달할 수 있을 것이다.

"이 상품은 어떤 상품보다 품질이 뛰어납니다만, 다른 상품보다 고가입니다." (X)
"이 상품은 고가이긴 하지만 품질은 어떤 상품보다 뛰어납니다." (○)

"이 과장은 성실한데 일하는 속도가 느린 것 같아요." (X)
"이 과장은 일하는 속도는 느리지만 성실한 것 같아요." (○)

■ 8가지 마음가짐

환영하는 마음	"어서 오십시오."
밝은 마음	"안녕하십니까?"
상냥한 마음	"네~"
위로하는 마음	"수고하셨습니다."
겸손한 마음	"죄송합니다."
겸허한 마음	"고객님 덕택으로~"
봉사하는 마음	"하겠습니다."
감사의 마음	"감사합니다."

CHAPTER 09

불만관리 커뮤니케이션

SERVICE COMMUNICATION

1. 고객 불만관리
2. 컴플레인 vs 클레임
3. 불만고객 관리의 중요성
4. 불만고객 응대 요령
5. 고객을 화나게 하는 7가지 태도
6. 불만고객 응대 시 유의점
7. 블랙컨슈머 등장과 감정노동

몇 년 전 파리바게트에 '쥐 식빵'사건이 있었다.
"쥐-쥐-쥐 고발하면 벌금이 얼마인가요?"라는 제목으로 인터넷에 사진과 글이 게재되면서 순식간에 확산하였다. 이는 매출이 가장 많은 연말에 일어난 사건으로 곧바로 매출과 직결될 수 있는 사건이었다. 하지만 파리바게트의 SPC그룹은 신속하게 대응하기 시작했다.

불만 글은 12월 23일 새벽에 게재되었으며 아침에 임원진들은 출근 전부터 내용을 파악하여 바로 SPC그룹 내 비상 상황반을 만들어 대외협력실과 홍보팀, 품질관리부서, 마케팅, 법무팀 등의 관계부서와 연결하여 전사적인 차원에서 비상 상황반을 조직하였다. 그리고 당일 2시에 긴급 기자브리핑에서 입장표명 등을 통하여 쥐가 들어갈 가능성이 없음을 언론에 확인시키며 25일에 초등학생 구매자를 범인으로 지목하였다. 그리고 27일 국과수에 의뢰하여 29일 식빵을 구입한 초등학생 부모, 즉 경쟁점포 주인의 자작극이었음을 밝혔다.

물론 이러한 사건으로 인하여 매출에는 타격이 있었을 수 있지만, 매우 신속하게 처리함으로써 큰 위기에서 빠르게 벗어날 수 있었다. 이는 신속한 대응이 있었기 때문에 가능했으며 신속한 대응을 위한 비상 상황반이라는 조직을 가동했기 때문에 가능했다. 이렇듯 모든 기업에서 불만고객과 이로 인한 위기는 언제든지 존재할 수 있다. 하지만 이를 어떻게 응대하고 대처하느냐에 따라 그 기업의 이미지와 이에 따른 결과는 크게 달라질 수 있다는 것을 잊어서는 안 될 것이다.

"소통에서 가장 중요한 것은 말하지 않는 것을 듣는 것이다."

– 피터 드러커

09 CHAPTER 불만관리 커뮤니케이션

1 고객 불만관리

고객만족을 위해 많은 기업이 노력하고 있지만, 갈수록 더욱 높아지는 서비스 질에 대한 고객의 기대심리로 인해 고객불만은 일어날 수밖에 없다. 고객의 기대에 부응하지 못하는 서비스나 품질에 대하여 고객은 불만을 표출하게 되는데 고객불만 관리 등의 회복전략 등을 통해 고객의 기대에 부응할 수 있어야 한다. 고객불만은 고객이 떠나가는 이유이기도 하지만, 고객의 불만을 해소할 수 있다면 만족 서비스를 통해 충성도를 높일 수 있는 서비스전략이 될 수 있다.

고객불만이 발생하는 원인에는 기업 및 상품에 대한 문제, 고객 자신의 문제, 직원의 문제 등으로 분류할 수 있다. 하지만 대부분의 고객불만을 야기하는 가장 큰 원인은 직원의 응대 문제로 응대과정에서의 태도 문제로 조사되었다. 하지만 고객의 불만을 잠재울 수 있는 유일한 방법 역시 직원의 응대방법과 태도이다. 어떻게 응대하고 반응하느냐에 따라 고객불만이 만족으로 변화될 수 있다는 점에서 직원의 불만고객 응대는 서비스기업에서 비중 있게 다뤄야 할 부분이다.

2 컴플레인(Complain) vs 클레임(Claim)

1) 컴플레인

컴플레인은 고객의 주관적인 평가로 불만족스러운 고객서비스 또는 직원의 태도에 불평과 불만을 제기하는 것을 의미한다. 이는 즉시 행동 또는 자체 내부 조치를 통해 해결할 수 있다.

2) 클레임

클레임은 고객의 객관적인 문제에 대한 지적으로 고객이 제품이나 서비스에 불만을 품고 이를 보상받기 위한 요구사항을 제시하는 것이다.

컴플레인과 클레임의 차이는 '보상'의 유무이다. 컴플레인은 불만을 표출하는 데 초점이 맞춰 있으며 클레임은 보상을 전제로 하는 불만 표출이라 할 수 있다.

컴플레인 (Complain)	클레임 (Claim)
고객의 주관적인 평가로 불만족스러운 고객서비스 또는 직원의 태도에 불평과 불만을 제기	고객의 객관적인 문제에 대한 지적으로 고객이 제품이나 서비스에 불만을 품고 이를 보상받기 위한 요구사항을 제시

3 불만고객 관리의 중요성

현재 불만고객에 대한 관리의 중요성과 비중은 과거의 어느 때보다 커지고 있다. SNS의 발달로 고객의 불만이 생겨나면 그 전파력은 기하급수적으로 늘어날 수 있기 때문이다.

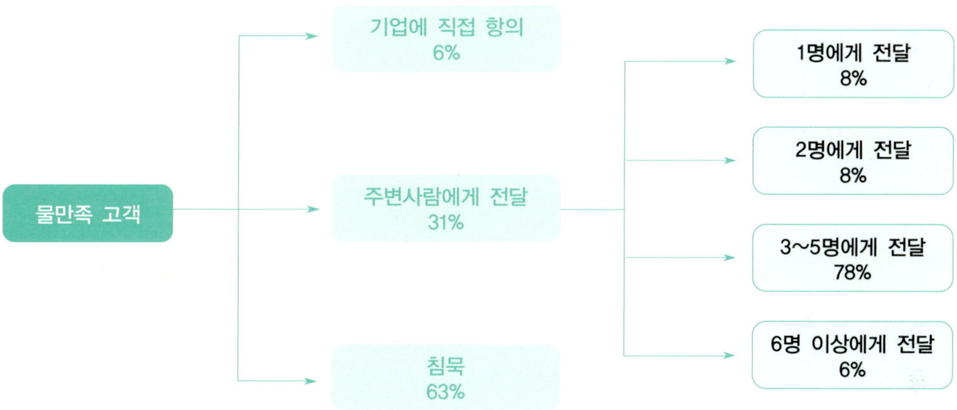

출처: 와튼스쿨 2006년 불만 연구 보고서

와튼스쿨이 발표한 '2006 불만 연구 보고서'에 따르면 고객 100명이 불만을 느낄 경우, 32~36명의 고객이 그 기업을 떠나가는 것으로 조사되었다. 불만을 경험한 고객 6%만이 그 기업에 직접 항의를 하며, 친구 · 가족 · 동료들에게 전파하는 고객은 31%에 달했다. 31%의 고객 중 16%는 1~2명에게 전달하고 78%는 3~5명에게, 6%는 6명 이상에게 기업의 험담을 늘어놓는 것으로 조사됐다. 또 63%의 고객은 침묵을 지키며 다른 기업으로 이동하는 것으로 조사되었다. 하지만 현재는 SNS의 발달로 고객 불만이 생겼을 경우 얼굴도 모르는 주변 사람들에게 정보가 일파만파 전달되는 환경 속에 살아가고 있다는 점을 염두에 둘 필요가 있다.

4 불만고객 응대 요령

1) 사과 및 경청

고객이 상품이나 서비스에 불만을 제기하면 일단 고객의 말에 귀를 기울이며 사과를 할 수 있어야 한다. 고객의 말에 귀를 기울이며 사과하는 모습에서 고객의 상한 기분이 조금은 풀릴 수 있을 것이다.

2) 공감 표현

고객이 불만을 얘기하면 그에 대하여 공감을 표현해야 한다. 공감은 고객의 말에 대한 반응이다. 얼굴 표정과 간단한 말의 내용으로 반응하며 공감할 수 있어야 한다.

3) 대안 제시

고객이 느꼈을 불편함이나 불만에 대하여 어떻게 처리를 할 것인지에 대하여 대안을 말할 수 있도록 한다.

4) 긍정적 마무리

마지막으로 고객이 이해해 준 부분에 대하여 감사 표현으로 마무리한다.

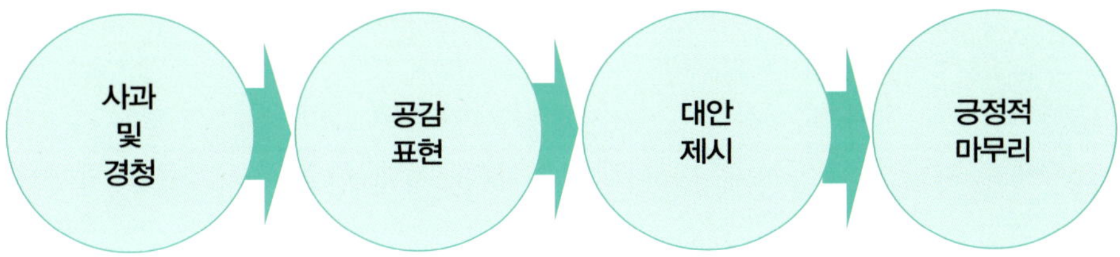

단계	구분	응대멘트
1단계	사과 및 경청	
2단계	공감 표현	
3단계	대안 제시	
4단계	긍정적 마무리	

5 고객을 화나게 하는 7가지 태도

① 무관심

나와는 상관이 없다는 태도로 고객에게 무관심한 태도로 일관하는 모습이다. 관심을 보이지 않는 것 자체가 고객을 화나게 하는 태도가 된다. 직원이라면 고객에게 관심을 표현할 수 있어야 한다.

② 무시

고객에 대한 존중 없이 얕잡아 보는 태도의 모습이다. 직원이 고객의 외모와 능력, 지식 등에 대한 무시의 언행이 등이 있을 수 있다.

③ 냉담

고객에게 차갑고 냉정하게 대하는 모습이다. 어떤 상황에서도 고객에게 성의 있고 친절하게 대할 수 있어야 한다.

④ 거만

고객을 무시하며 태도로 고객보다 우위에 있다고 생각하는 모습이다. 전문가로서 서비스를 제공하는 직업에서 나타날 수 있다.

⑤ 경직화

서비스를 제공하는데 무미건조하며 기계적으로 융통성 없이 이루어지는 형태다. 마음을 담아 고객 개개인의 맞는 융통성이 서비스를 제공할 필요가 있다.

⑥ 규정 제일

'나는 규정대로만 한다'식의 태도를 보이는 것으로 규정만을 내세우는 태도이다. 특별한 상황에서 고객을 위한 규정도 생각해 볼 필요가 있을 것이다.

⑦ 발뺌

자신은 책임을 지지 않기 위하여 다른 사람에게 떠넘기는 모습이다. 고객에게는 함께 근무하는 모든 직원이 담당자이며 책임자라는 모습을 보여줄 필요가 있다.

6 불만고객 응대 시 유의점

1) 장소를 바꾼다

- 다른 고객들까지 불만이 터져 나온다.
- 오래 서 있으면 화나기 마련이다.
- 다른 선동을 미리 방지한다.

2) 시간을 바꾼다

- 고객이 진정할 시간을 준다.
- 직원 역시 진정할 시간을 준다.

3) 사람을 바꾼다

- 불만고객의 최초 응대자를 교체한다.
- 되도록 상사가 응대한다.

컴플레인 고객의 심리 상태

- 감정적이다.
- 비이성적이다.
- 요구조건이 많다.
- 인정받고 싶은 강한 욕구가 있다.

7 블랙컨슈머 등장과 감정노동

1) 블랙컨슈머

블랙컨슈머는 악성을 뜻하는 블랙(Black)과 소비자란 뜻의 Consumer를 합친 신조어를 뜻한다. 구매한 상품에 대한 하자를 빌미로 부당한 이익을 위해 고의적으로 악성민원을 제기하는 사람을 뜻한다.

2013년 대한상공회의소가 국제중소기업 203곳을 대상으로 '블랙컨슈머 대응실태'를 조사한 결과, 응답 기업 가운데 83.7%가 소비자의 악성 클레임을 '그대로 수용한다'고 답했다. 이렇게 부당한 이유를 들어줄 수밖에 없는 이유로 '기업 이미지 훼손방지(90.0%)'가 가장 많이 꼽혔다. 그리고 중소기업의 경우는 불만고객을 위한 담당자는 있지만 이를 관리하기 위한 전담부서는 부재한 경우가 많은 것으로 조사되었다.

하지만 이제는 기업의 이미지 훼손을 막기 위한다는 이유로 블랙컨슈머의 부당한 요구를 들어주기보다는 이에 대처할 수 있는 방안과 전담부서를 통한 적극적인 대처가 필요하다. 일부 대기업에서는 이미 불만고객을 응대하는 담당자를 넘어 전담부서를 설치하여 대응하고 있으며 사후 서비스가 아닌 사전에 이를 방지하고자 노력하고 있다.

- 컨슈머(Consumer)
  - 소비자
- 블랙컨슈머(Black Consumer)
  - 악성을 뜻하는 블랙(Black)과 소비자란 뜻의 Consumer를 합친 신조어
  - 구매한 상품의 하자를 빌미로 부당한 이익을 위해 고의적으로 악성 민원을 제기하는 사람
  - 제품 교환보다는 과한 금전적 보상을 요구하는 경우가 대다수

2) 감정노동자 보호법

감정노동자를 보호하기 위한 감정노동자 보호법이 2018년 제정되었다. 이에 따라 고객응대 직원에 대한 폭언 등이 발생할 경우 고소·고발 또는 손해배상 청구 등이 가능하다. 하지만 사전에 이를 방지할 수 있도록 사업주의 사전 예방조치가 중요함을 언급하고 있다. 사전 예방조치로 폭언 등을 하지 않도록 요청하는 문구를 게시하거나 음성으로 안내하도록 하고 있다. 고객과의 문제가 발생할 경우, 대처방법에 대한 고객응대업무 매뉴얼 마련, 그 밖의 업무의 일시적 중단 또는 전환, 휴게 시간의 연장, 폭언 등으로 인한 건강장해 관련 치료 및 상담 지원 등이 있다.

고객 응대 과정에서 일어날 수 있는 폭언이나 폭행 등으로부터 감정노동자를 보호하기 위한 목적으로 제정된 산업안전보건법 개정안이다. 2018년 10월 18일부터 시행됐다.

감정노동자 보호법은 고객 응대 근로자가 고객의 폭언 등 괴롭힘으로 인해 얻게 될 수 있는 건강장해에 대한 사업주의 예방조치를 핵심으로 한다. 이에 따라 사업주는 폭언 등을 하지 않도록 요청하는 문구 게시 또는 음성을 안내하고, 고객과의 문제 상황 발생 시 대처 방법 등을 포함하는 고객응대업무 매뉴얼을 마련한다. 아울러 ▷업무의 일시적 중단 또는 전환 ▷휴게 시간의 연장 ▷폭언 등으로 인한 건강장해 관련 치료 및 상담 지원 ▷고객응대 근로자 등이 폭언 등을 원인으로 고소·고발 또는 손해배상 청구 등을 하는 데 필요한 증거물, 증거서류 제출과 같은 지원을 해야 한다.

또 고객응대 근로자는 고객의 폭언 등으로 인하여 건강장해가 발생하거나 발생할 현저한 우려가 있는 경우, 사업주에게 업무의 일시 중단이나 전환을 요구할 수 있다. 만약 사용자가 고객응대 근로자의 요구를 이유로 해고, 그 밖의 불리한 처우를 하면 1년 이하의 징역 또는 1,000만 원 이하의 벌금에 처해질 수 있다.

한편, 감정노동(Emotional Labor)은 실제 자신이 느끼는 감정과는 무관하게 직무를 행해야 하는 감정적 노동으로, 이러한 직종 종사자를 감정노동 종사자라 한다. 고용노동부는 감정을 관리해야 하는 활동이 직무의 50%를 넘을 경우를 감정노동에 해당한다고 본다. 예컨대 상담·판매·관광·은행원·항공기 승무원 등 물건을 판매하거나 서비스를 제공하는 업무 등이 이에 해당한다.

출처 : 시사상식사전

CHAPTER 10

SERVICE COMMUNICATION

유형별 커뮤니케이션

1. DISC 개념
2. DISC 유형별 특징
3. DISC 행동유형 매트릭스
4. DISC 행동유형의 강약점 / 대인관계 특성
5. 유형별 소통 방법

행복기업 행복팀은 '오주도' 팀장과 '정안정'대리, '이기쁨' 대리, '김치밀' 사원으로 구성되어 있다. 올해 행복팀은 회사의 매출을 향상할 수 있는 중요한 프로젝트를 진행하고 있다. 그런데 프로젝트가 처음에는 잘 진척되는 듯했지만, 어느샌가 진척이 이루어지지 않고 있다. 그 이유는 다음과 같다.

일단 팀원들은 오주도 팀장에 대한 불만이 많다. 너무나 해야 할 게 많은데 요구하는 것이 점점 더 많아지고 있다. 그리고 열심히 하고 있는데도 속도가 너무 늦어진다는 둥, 이렇게 해서 되겠느냐고 야단만 친다. 도대체 일을 하자는 건지, 자신의 스트레스를 팀원들에게 푸는 건지 알 수 없다. 그리고 무엇보다 일 중독자인 듯하다. 하지만 팀장은 팀장 나름대로 불만이 있다. 어떻게 팀원들 하나같이 마음이 여유롭냐는 것이다. 열정이 부족하며 일하는 속도가 느리다는 것이다.

그런데, 특히 불만인 사람은 김치밀 사원이다. 팀장도 팀장이지만 그 위의 상사인 정안정 대리와 이기쁨 대리는 일을 잘 추진도 못 하면서 꼼꼼하지도 않다. 특히 이기쁨 대리는 일에는 관심이 없는 것 같다. 그리고 해야 할 업무를 제대로 하지 못하고 책임감도 없다. 그런데, 일할 때는 나서지 않다가도 점심시간이 되면 제일 먼저 자리에서 일어나는 적극성을 보인다. 그나마 밥 먹을 때 이기쁨 대리의 수다 때문에 분위기가 그나마 부드러워지는 것 같기는 하다.

정안정 대리와 이기쁨 대리도 김치밀 사원을 은근히 못마땅해하고 있다. 일은 혼자 다 하는 것 같은 분위기를 잡으며 자기주장을 끝까지 내세우는 등 융통성이 부족해 보인다. 그리고 서로 함께 이야기도 하면서 일하면 좋을 텐데, 혼자서 개인주의적인 성향이 짙다.
행복팀 모두가 이 프로젝트를 통해 뭔가 서로가 잘 맞지 않는다는 것을 느낀다.

출처: 이지연(2021), 뷰카시대, 당신이 꼭 알아야 할 커뮤니케이션 기술, 지식플랫폼

"누가 맞고 틀린 게 아니라 서로 다른 것일 뿐이고
다르다고 생각하면 화낼 일이 적을 것이다."

– 달라이 라마

10 유형별 커뮤니케이션

CHAPTER

1 DISC 개념

일반적으로 사람들은 성장하면서 독톡한 동기요인으로 인해 선택된 일정한 방식으로 행동을 취하게 된다. 이는 하나의 경향성을 이루게 되면서 자연스럽게 행동으로 이어진다. 우리는 그것을 행동패턴 또는 행동 스타일이라고 한다. 이러한 행동 스타일은 똑같은 상황이나 장면에서 일치된 행동이 아닌 사람마다 다른 행동반응을 나타내는데, 이는 각 사람과의 이해의 불일치 등 오해가 생기면서 갈등이 시작된다. 그러므로 각 사람에 대한 특징, 즉 유형별 행동특징에 대하여 이해할 필요가 있다.

DISC는 1928년 미국 콜롬비아대학 심리학과 교수인 William Mouston Marston 박사가 독자적인 행동유형 모델을 만들어 설명하였다. Marston 박사에 의하면 인간은 환경을 어떻게 인식하고 또한 그 환경 속에서 자기 개인의 힘을 어떻게 인식하느냐에 따라 4가지 형태로 행동을 하게 된다고 한다. 주도형(Dominance), 사교형(Influences), 신중형(Conscientiousness), 안정형(Steadiness) 첫 글자를 따서 DISC라고 한다.

DISC는 상황과 환경에 따라 변화 가능하며 좀 더 높은 유형과 낮은 유형이 있는데, 다른 유형보다 좀 더 높은 유형이 그 사람의 행동유형이 된다. 그래서 유형 한 가지만 가지고 있는 것이 아니라 때로는 두세 가지의 유형도 함께 존재할 수 있다. 하지만, 특정 상황에서 행동유형을 관찰하게 되면 두드러지는 유형의 특징을 관찰할 수 있으며 이에 따라 어떻게 이해하며 반응하느냐에 따라 좋은 관계로 이어나갈 수 있다.

현재 의사소통 향상, 갈등 관계관리, 리더십, 대인관계, 고객응대 등에 접목하여 사용되고 있다.

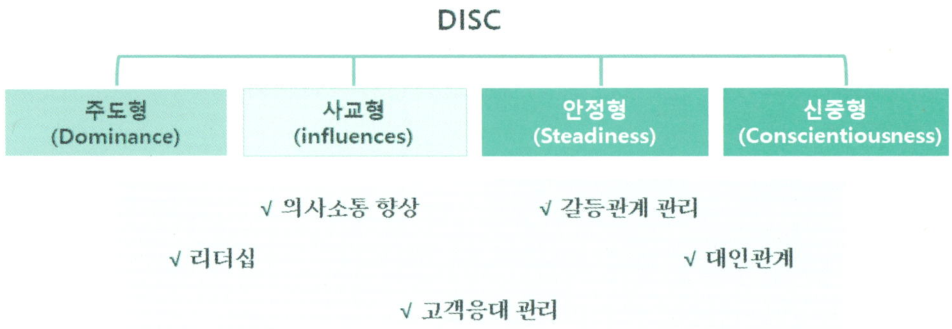

2 DISC 유형별 특징

사람의 행동유형에 따라 주도형(Dominance), 사교형(Influences), 신중형(Conscientiousness), 안정형(Steadiness)으로 나누며, 이는 설문지를 통해 진단하게 된다. 또는 그 사람의 행동하는 모습을 보고 우리는 그 유형을 짐작하여 유추하여 볼 수 있다.

1) 주도형

주도형은 목표 지향적이고 도전적인 유형으로 성과에 대한 욕구가 강한 사람이다. 자신에 대한 자의식이 높으며 통제력을 잃는 것에 두려움을 느끼는 특징이 있다. 이들은 의사결정이 빠르며 다른 사람의 행동을 유발하는 등 리더십을 발휘한다. 도전함으로써 동기부여 받으며 어려운 문제를 받아들이는 특징이 있다.

2) 사교형

사교형은 낙천적이고 사람 중심의 유형으로 사회적 인정에 대한 욕구가 강하다. 사람들과 접촉을 좋아하며 유쾌함과 함께 호의적 인상을 전달하며, 여러 일과 활동을 좋아하며 열정적인 스타일이지만 집단으로부터 소외되거나 거절당하는 것에 두려움을 느낀다.

3) 안정형

안정형은 사람 중심의 관계를 중요시하는 유형으로 안정된 상황을 추구한다. 이들은 일반적으로 일관성이 있으며 팀 지향적으로 행동한다. 상대방에 대한 배려와 경청이 뛰어나며 다른 사람을 돕고 지원하는 유형으로 안정과 조화를 추구한다.

4) 신중형

신중형은 과업중심의 유형으로 분석적이고 정확하다. 자신에 대한 기준이 높으므로 자기 일에 대한 비판에 대한 두려움을 느낀다. 세심하고 정확함을 추구하며 기준 및 정확함을 통하여 동기부여 한다.

D(주도형)	I (사교형)	S(안정형)	C (신중형)
- 뚜렷한 성과를 냄 - 활기 있게 행동함 - 도전을 받아들임 - 지도력이 있음 - 빠르게 결정함	- 사람과 접촉함 - 호의적 인상을 줌 - 타인을 동기유발함 - 사람을 즐겁게 함 - 그룹에 참여	- 고정 직무를 수행함 - 인내심이 있음 - 직무에 전념함 - 타인을 배려하고 협력함 - 남의 이야기를 경청해줌	- 세부사항에 신경 씀 - 익숙한 환경 선호 - 일을 정확한 처리 - 사고방식이 엄격 - 상황을 분석하고 - 위험요인을 파악함

출처: 한국교육컨설팅연구소

3 DISC 행동유형 매트릭스

DISC는 사람 중심과 과업 중심, 그리고 행동 속도의 빠름과 느림을 기준으로 4가지 유형으로 나눈다. 사람 중심 유형에는 사교형과 안정형이 속하며 이들은 일보다 사람을 중요하게 생각하여 사람 중심의 행동경향을 나타낸다. 주도형과 신중형은 사람보다는 과업 중심으로 행동경향을 나타낸다. 속도에서는 주도형과 사교형은 행동 및 말, 업무처리 등의 속도가 빠른 편이며 안정형과 신중형은 행동과 업무처리 등의 속도가 다소 느린 편에 해당한다.

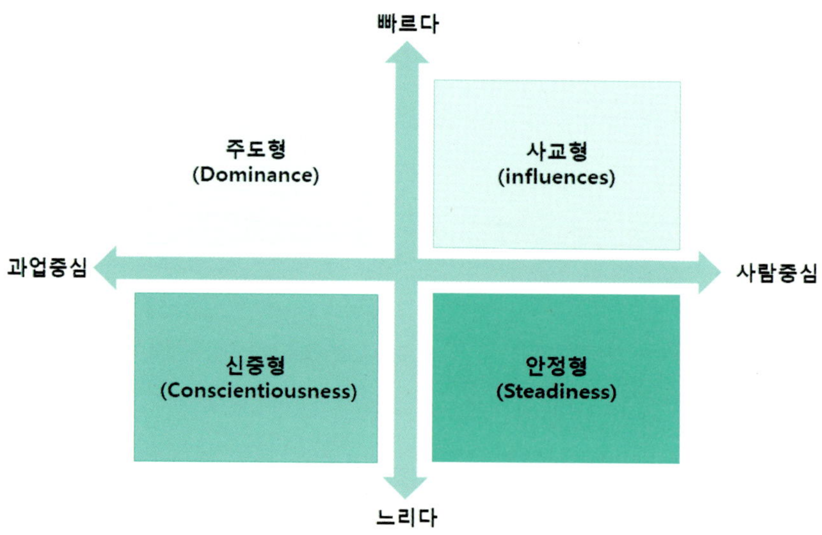

4 DISC 행동유형의 강약점 / 대인관계 특성

유형	강점	약점	대인관계	단체 생활
D (주도형)	용기 있는 태도 목표 지향적이다 자신감 있다 경쟁적이다 의지가 강함 솔직한 태도 빠르고 정확함 사리판단 분명함	참을성 부족 자만심 있다 공격적 태도 욱하고 화를 냄 무모한 태도 비정하다 독재적이다 지나친 보스기질	단체활동을 중시 친구에 대한 소중함이 약하다 남을 지배한다 자신이 결정한다 사과에 약하다 대처능력 우수 리더십 탁월	과정보다 결과를 우선시한다 수단방법을 안 가린다 조직적이다 타인에게 짜증낸다 타인을 조종한다 경쟁에서 이기고 싶어 한다
I (사교형)	낙천적이다 상상력 풍부 사교적이다 열정적이다 자발적이다 긍정적이다 재미있다 유쾌하다	말이 많다 공상적이다 충동적이다 체계적이지 못함 감정적이다 무질서하다 진지하지 못함 단순하다	친구를 잘 사귄다 사람을 좋아한다 칭찬과 인기에 연연한다 참견을 잘한다 결정에 미숙하고 지연한다 말실수가 잦다	열정적이다 말이 앞선다 용두사미 무질서하다 시간개념이 약하다 감정적으로 결정할 때가 많다
S (안정형)	안정적이다 성실한 태도 부드러운 마음 남을 잘 도운다 차분하다 협력적인 태도 배려한다 양보한다	열정 부족 변화를 싫어한다 줏대가 없음 연약하다 지나치게 상대를 의식한다 모험을 싫어한다 갈등을 싫어한다	함께 잘 지낸다 기분을 잘 맞춤 동정 · 애정이 많다 변화를 싫어한다 계획에 무관심하다 타인에게 관여하지 않는다	성실하다 협조와 협력을 잘 한다 압박 · 갈등에 약하다 실천력이 부족하다 강요 · 재촉당하는 것을 싫어한다

유형	강점	약점	대인관계	단체 생활
C (신중형)	냉철한 판단력 분석적이다 치밀함 · 섬세함 계획적이다 언행일치 신뢰감 있다 높은 이상 추구 양심적이다 시간 준수	비사교적이다 의심이 많다 비판적이다 작은 것과 틀에 얽매인다 완벽주의 계획에 얽매임 지나치게 걱정함 융통성 부족	친해지기 힘들다 남을 의심한다 스스로 알아서 일을 한다 적대적이고 복수심이 강하다 혼자 하는 것을 좋아한다 말수가 적다	치밀하다 계획적이다 끈기 · 인내력 탁월 사람을 피한다 언행일치함 심각한 고민이 많다 속내를 잘 드러내지 않는다

출처: 김나위(2017), DISC 행동유형과 사주명리학 일간의 성격 비교 연구, (사)아시아문화학술원, P327-342

같은 유형끼리 조를 이루어 공통된 특징을 찾아보자.

- 우리 유형의 장점

- 우리 유형의 단점

- 우리 유형의 의사소통 스타일

5 유형별 소통 방법

	의사소통 방법	효과적인 응대 용어
주도형	• 간략히 말하고, 핵심만 이야기한다. • How(절차, 방법)가 아닌, What(질문)에 관심을 두고 이야기한다. • 상대방이 원하는 결과에 관심을 가짐 • 결과를 성취하고 문제를 해결하고, 책임질 부분을 이야기한다. • 최종결과나 목표를 이야기한다.	• 지금 당장 신속한 방법은, • 빨리 알아보겠습니다. • 핵심을 짚어주셨습니다. 맞습니다. • 즉시 알아보겠습니다. • 시간을 절약하시려면, • 네, 물론입니다. • 네, 바로 확인하겠습니다.
사교형	• 호의적이고 친근한 환경을 만들어라. • 자기의 생각, 느낌을 이야기할 기회를 제공한다. • 자극적이고 사교적인 활동을 위한 시간을 제공한다. • 공감과 칭찬표현을 통해 교류한다. • 참여적인 관계를 제공한다.	• 기분이 나쁘실 수 있죠 • 저도 그렇습니다. 속상하셨겠어요. • 어떤 기분인지 알 것 같아요. • 그러시죠. 당연하시죠. • 잘 알고 계시네요. 어머 어떻게 그런 일이 있을 수가! • 그렇게 느끼실 수 있죠.
안정형	• 진실하고 개인적이고 편안한 환경을 만들어라. • 개인적으로 진실된 관심을 가져라. • How 질문에 대해 명확하게 답변해라. • 목표를 끌어내는데 인내심을 가져라. • 목표, 역할, 절차, 전체계획에서 위치를 명확하게 규정한다. • 사후지원을 해준다. • 어떻게 상대방의 행동이 위험을 최소화하고 현재 일을 발전시키는지 강조한다.	• 무슨 말씀 하시려는지 알 것 같습니다. • 맞는 말씀이시네요. 그러실 수 있죠. • 이렇게 해 보면 어떨까요? • 진심으로 사과 말씀 올립니다. • 어떤 말씀인지 이해가 됩니다. • 저를 봐서 조금만 기다려주시면, • 뭐라 드릴 말씀이 없습니다.
신중형	• 대화 전 충분히 준비할 시간을 준다. • 아이디어에 대한 찬성과 반대의견을 직접 제공한다. • 정확한 데이터를 가지고 설명한다. • 갑작스럽게 합의된 내용을 바꾸지 않는다는 확신을 제공한다. • 이 일이 전체와 어떻게 연계가 되어 있는지 정확하게 설명한다. • 체계적이고 포괄적으로 내용을 제시한 • 구체적으로 말한다. • 참을성 있게 지속적으로 설득한다.	• 사실은 이렇습니다. • 자료가 보여주듯이 • 다시 한번 체크해 보겠습니다. • 정확한 원인을 찾아보겠습니다. • 증명된, 분석하여, 시간을 두고 • 정확한 지적입니다. • 중요한 말씀입니다.

출처: 심윤정 · 신재연(2013), 고객서비스 실무, 한올출판사

■ 나와 맞지 않는 한 명을 생각해 보고 그 사람의 유형과 관계 개선을 위한 의사소통 방안에 대하여 작성해 보자.

	나의 유형 : 상대방의 유형 :
관계 개선 및 의사소통 방안	

SERVICE COMMUNICATION

CHAPTER 11

코칭 및 질문 커뮤니케이션

1. 코칭 개념
2. 코칭 철학
3. 코칭의 5가지 코어스킬
4. GROW모델
5. 질문

"팀장님은 업무를 일방적으로 지시하시는 것 같습니다. 전임 팀장님은 언제나 무엇을 하고 싶은지를 물으셨고 조언을 할 때도 '무엇이 잘 안 되느냐?', '어떻게 하면 좋겠느냐?'를 먼저 물었습니다. 그래서 생각할 수 있도록 해주었으며, 제가 말한 아이디어도 반영되곤 했습니다. 그런데 팀장님은 너무 지시만 하시고 본인의 의견만 말씀하십니다. 우리는 팀장님이 지시하는 데로만 일하는 기계 같다는 생각이 듭니다. 무엇보다도 우리를 무시하시는 것 같아, 일할 의욕도 생기지 않습니다."

K팀장은 P대리의 말을 듣고 당황했다. 자신의 모든 행동은 일에서 좋은 성과를 올리고자 했던 것이며 자신의 방식에 나름의 자부심이 있었기 때문이다. 또한, 자신은 대리를 무시하지 않았는데 도대체 무엇이 문제였을지 생각해 보았다. 자신이 전임 팀장과 달랐던 점은 업무 진행과정에서 소통 방법이 달랐을 뿐인데, P대리가 너무한 것 아닌가 하는 생각도 들었다. 하지만 시간을 두고 생각해 본 결과, 직원들은 전임 팀장의 업무 소통 방식을 더 선호한다는 것을 알게 되었다. 그리고 소통의 방법이 직원들에게는 동기부여를 일으키는 중요한 부분일 수 있겠다는 생각을 하게 되었다.

출처: 이지연(2021), 뷰카시대, 당신이 꼭 알아야 할 커뮤니케이션 기술, 지식플랫폼

"가장 중요한 것은 질문을 멈추지 않는 것이다.
호기심은 그 자체만으로도 존재 이유가 있다. 영원성, 생명,
그리고 현실의 놀라운 구조에 대해 숙고하는
사람은 경외감을 느낄 수밖에 없다.
매일 이러한 비밀의 실타래를 한 가닥씩 푸는 것만으로도 충분하다.
신성한 호기심을 절대로 잃지 말아라."

– 알버트 아인슈타인

11 코칭 및 질문 커뮤니케이션

CHAPTER

1 코칭 개념

코칭은 직장 같은 조직에서뿐 아니라 일상생활에서도 긍정적인 영향을 주기 위한 커뮤니케이션 방법이다. 코칭은 질문을 통해 상대방에게 동기부여를 일으키며 성과를 향상하고 잠재력을 개발한다. 적절한 질문을 통해 이루어지는 코칭은 상대방에게 생각하게 만들며 의견을 말함으로써 잠재력을 일깨우며 행동으로 이끈다. 흔히 코칭을 상담과 혼동하기도 한다. 상담과 코칭은 유사한 부분이 있으나 상담은 초점이 과거를 통해 상처를 치료하는 것이 목적이라고 한다면, 코칭은 현재를 기준으로 미래에 초점이 맞추어져 있으며 미래의 목표를 설정하여 코칭이 이루어지기 때문에 원하는 상태로 변화·성장하도록 긍정적인 영향을 준다.

코칭은 질문을 통해 이루어진다. 질문하면 사람들은 자연스럽게 답을 하게 되면서 자신을 돌아보게 된다. 이 과정에서 자신을 좀 더 객관적으로 바라볼 수 있으며 다른 관점에서도 생각하게 된다. 즉, 통찰력 있는 사고를 가능하게 하여 자신의 문제를 풀 수 있는 실마리를 찾게 된다. 이처럼 질문을 통해 자신의 생각을 변화시켜 행동으로 이끌어가게 된다.

2 코칭 철학

코칭에는 다음의 세 가지의 철학이 있다. 모든 사람에게 무한한 가능성을 가지고 있다고 생각하며, 무한한 가능성을 전제로 상대방(피코칭자)에게 질문을 하며, 상대방(피코칭자)이 그 해답이 있다는 것을 전제로 한다.

1. 모든 사람은 무한한 가능성을 가지고 있다.
2. 그 사람에게 필요한 해답을 모두 그가 가지고 있다.
3. 해답을 찾기 위해서는 파트너가 필요하다.

3 코칭의 5가지 코어스킬

효과적인 코칭이 이루어지기 위해서는 여러 스킬이 요구된다. 그중 5가지 핵심 스킬을 살펴보면 질문, 경청, 직관, 자기관리, 확인 스킬이 있다.

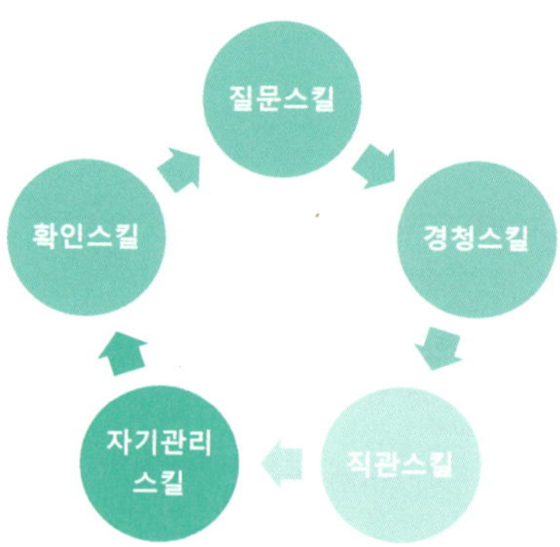

1) 질문스킬

코칭은 질문을 통하여 자신을 객관적으로 바라보게 됨으로써 통찰력 있는 사고를 가능하게 하므로 질문은 여러 스킬 중 가장 중요하다. 피코칭자의 무한한 잠재력을 스스로 찾게 해주는 스킬이 질문이라 할 수 있다. 질문은 확대질문, 미래질문, 긍정질문, 구체적이고 본질적인 질문, 머릿속을 정리해 주는 질문, 현재와 과거를 연결하는 질문 등을 통하여 부하직원의 코칭 주제와 연결하여 가능성을 찾아낼 수 있는 질문을 할 수 있어야 한다.

2) 경청스킬

경청의 스킬은 부하 직원의 이야기를 어떻게 듣느냐에 관한 것으로 듣기의 방법에 해당한다. 질문을 통해 코칭이 이루어지며 상대방의 생각을 자극하지만, 경청을 제대로 하지 않는다면 질문의 효과는 사라지고 다음 단계가 순조롭게 이루어지기 힘들다. 올바른 경청은 부하 직원에게 신뢰를 줌으로써 그의 가능성을 끌어낼 수 있는 스킬로 코칭에서 질문만큼 중요한 스킬이다. 경청스킬에 따라 1단계 '귀로 듣기', 2단계 '입으로 듣기', 3단계 '마음으로 듣기'로 나눌 수 있다. 코칭에서는 상대의 생각과 감정을 이해할 마음으로 경청하는 것이 중요하며 생각과 감정을 자유롭게 표현할 수 있도록 경청할 수 있어야 한다.

3) 직관스킬

상사가 자신의 직관을 사용하여 부하 직원을 코칭하는 스킬이다. 구체적으로는 직원에게 질문을 던질 때 직관을 발휘하는 것이다. 예컨대 부하 직원(피코칭자)의 발화에서 어떤 신호를 잡으면, 이를 질문하거나 부하 직원 내부에 있는 해답을 이끌어낼 때 질문을 통해서 직관력을 발휘해야 한다. 이때 상사가 자신의 잠재의식 속에서 나오는 직관에 따라 질문을 던지는 것이다. 직관스킬의 핵심은 '생각하지 않는다', '예측하지 않는다', 그리고 '리드하지 않는다'이다.

4) 자기관리 스킬

자기관리 스킬은 자신을 관리하는 것으로 상사가 부하직원을 코칭할 때 어떤 태도로 대할 것인가에 대한 스킬이다. 이 스킬은 자기관리를 잘한 상사가 코칭할 때 가장 효과를 발한다. 즉, 성공적인 코칭이 이루어지기 위해서는 코치의 자기관리 역시 중요하기 때문이다. 자기관리에서는 3가지 요소인 머리관리, 마음관리, 몸관리로 나누어 볼 수 있다. 머리관리는 부하직원의 말에 집중할 수 있도록 자신의 생각에 얽매이지 않고 집중할 수 있도록 해야 한다. 마음관리에서도 자신의 개인적 감정이 있다면 이로 인하여 코칭에 부정적인 영향을 미치게 됨으로써 해결해야 감정이 있다면 이를 먼저 해결하거나 코칭을 미루는 편이 좋다. 마지막으로 몸관리는 코칭에서 이루어지는 자세로 편안한 환경으로 코칭이 이루어질 수 있도록 자세 및 시선에 신경 쓸 수 있어야 한다.

5) 확인스킬

마지막 스킬인 확인스킬은 상사가 부하를 코칭할 때 부하에게 중요한 사항을 확인하기 위한 기술이다. 여기에서는 3가지 포인트, 즉 부하의 '미래','현재', '과거'를 확인하는 것이다. 미래, 현재, 과거를 확인함과 동시에 부하의 가능성을 확실하게 인정하는 과정이기도 하다.

4 GROW모델

코칭에서 가장 일반적으로 사용하는 GROW모델은 단계별 프로세스 중심의 대화 모델로 G는 Goal의 목표설정, R은 Reality의 현상 · 사실과 느낌 파악, O는 Option의 해결방안 탐색, W는 Wrap up & Will의 요약과 확인을 뜻한다.

1) Goal: 목표설정

코칭의 시작과 함께 대화의 주제를 설정하고 합의하는 단계이다. 목표를 정확하게 표현하게 된다면 실천력을 더욱 높일 수 있다. 목표를 설정할 eo는 명확한 목표를 설정하며 구체화한다.

■ 주제 설정을 위한 질문

① 오늘은 무엇에 대하여 (어떤 주제로) 이야기하고 싶습니까?
② 오늘 코칭을 통해서 무엇을 얻고 싶습니까?
③ 이 코칭에서 어느 정도까지, 얼마나 구체적인 성과를 기대하십니까?
④ 지금 이야기하는 것들 중에서 무엇이 가장 중요합니까?

2) Reality: 현상 · 사실과 느낌 파악

대화의 명확한 목표가 설정되었다면 그 목표와 관련하여 현재 발생하고 있는 구체적 현상이나 사건, 사실, 사례를 파악한다. 또한 이러한 현상에 대한 생각과 느낌, 의견을 함께 파악하는 단계이다. 현상을 파악함으로써 자신의 문제에 대한 새로운 시각을 갖게 되며 새로운 시각으로 문제를 바라볼 수 있게 된다.

■ 현상 · 사실 파악을 위한 질문

① 현재 상황에 대하여 좀 더 자세하게 설명해 주시겠습니까?

② 지금의 일은 어떻게 진행되고 있습니까?

③ 문제의 본질은 무엇입니까?

④ 그 밖의 다른 문제는 없습니까?

⑤ 성과를 달성하는데 다른 장애물이나 애로사항은 없습니까?

■ 생각 · 느낌 파악을 위한 질문

① 현재 문제에 대해서는 어떻게 생각하고 있습니까?

② 지금의 문제가 계속된다면 당신에게 어떤 영향을 미치게 됩니까?

③ 원하는 상태를 10점이라고 할 때 현재의 상태는 몇 점입니까?
그렇게 생각하는 이유는 무엇입니까?

3) Option: 해결방안 탐색

문제현상에 대한 질문이 끝나면 문제의 개선 및 성과향상을 위한 해결방안에 대한 질문이 이루어진다. 주제와 관련된 해결방안을 위한 질문으로 진행된다.

■ 해결방안 탐색을 위한 질문

① 그럼에도 불구하고 생각해 볼 수 있는 방법이 있다면 어떤 것이 있습니까?

② 이 일을 더욱 잘하기 위해 어떤 노력을 해 보겠습니까?

③ 다른 대안(방법)은 무엇이 있습니까?

④ 단계적으로 해봐야 할 것은 무엇이라고 생각합니까?

⑤ 아직 시도해 보지 않는 방법이 있습니까?

4) Wrap up & Will: 요약과 확인

해결방안에 대한 질문을 통해 관련 대화가 끝나면 방법을 실제로 실행할 수 있도록 행동계획을 설계하고 실행에 옮길 수 있도록 해야 한다. 앞서 나눈 대화 내용을 다시 한번 요약 · 정리하고 새로이 배우거나 느낀 점에 대하여 성찰함으로써 실행의 의지를 높일 수 있는 질문을 한다.

■ 요약과 확인을 위한 질문

① 오늘 나눈 대화에서 나눈 실행방안에는 어떤 것들이 있습니까?

② 오늘 대화를 통해 느낀 점, 유익했던 점은 어떤 점입니까?

③ 실행을 위하여 구체적으로 처음 해야 할 행동이 있다면 어떤 것입니까?

④ 이 일의 달성을 위해서 주변 사람들의 어떤 지원이 필요합니까?

⑤ 이 일을 행동으로 옮기고 나면 어떤 느낌이 드시겠습니까?

짝꿍에게 GROW모델로 코칭을 실시해 보자. 그리고 자신을 셀프 코칭해 보자.

1) Goal: 목표설정

2) Reality: 현상 · 사실과 느낌 파악

3) Option: 해결방안 탐색

4) Wrap up & Will: 요약과 확인

5 질문

1) 질문의 개념 및 중요성

우리는 하루에도 수많은 생각을 한다. 이러한 생각들은 자신을 행동으로 이끌어가게 하는 시작이 되어주기 때문에 어떤 생각을 하느냐는 중요하다. 그런데 질문은 바로 그 생각을 좌우한다. 자신에게 또는 상대에게 어떤 질문을 던지느냐에 따라 그 사람의 생각을 좌우하며 선택된 생각에 따라 그 사람을 행동으로 이끌어가기 때문이다.

동기부여 강사인 도로시 리즈는 그의 저서 『질문의 7가지 힘』에서 다음과 같이 질문의 힘과 효과에 대하여 언급하였다.

- 질문을 하면 답이 나온다.
- 질문은 생각을 자극한다.
- 질문을 하면 정보를 얻는다.
- 질문을 하면 통제가 된다.
- 질문은 마음을 변화시킨다.
- 질문은 귀를 기울이게 한다.
- 질문에 답하면 스스로 설득이 된다.

2) 질문의 종류

질문에는 바람직한 질문과 피해야 할 질문이 있다. 바람직한 질문에는 열린 질문, 긍정질문, 미래질문 등이며 피해야 할 질문은 닫힌 질문, 부정질문, 과거질문 등이 있다.

(1) 열린 질문 vs 닫힌 질문

열린질문은 다양한 대답을 이끌어내는 질문인 반면, 닫힌 질문은 예/아니요 또는 단답형으로 대답하게 하는 질문이다. 열린 질문을 받게 되면 생각과 의견 등을 자유롭게 말할 수 있게 되며, 사고력을 키우는 질문법으로 창의력을 만들게 한다. 반대로 닫힌 질문은 예/아니요, 단답형으로 대답하기 때문에 선택의 폭이 좁으며 새로운 생각과 아이디어를 이끌어내지 못하는 단점이 있다. 열린 질문을 통해 여러 의견과 다양한 생각을 들어볼 수 있도록 적용해 보자.

열린 질문	닫힌 질문
"예"/"아니요" 이상의 대답을 유도	"예"/"아니요" 또는 단답형의 대답을 유도
상대가 말하는 것이 목적이며 다양한 생각과 의견을 유도	상대방의 말과 방향을 제한하며 구체적인 정보를 원할 때
과장님, 어떻게 하면 일을 더 잘할 수 있을까요?	○○씨, 오늘 부장님께서 지시하신 것 다 했나요?

① 열린 질문

팀　장: 지난번 보고서 오늘까지 완료하라고 했는데 다 했나요?

나팀원: 아직, 완성하지 못했습니다.

팀　장: 아직 못 했다고요? 큰일이네~~
이번 달 말에는 사장님 보고가 들어가야 하는데……. 그러면 이번 주 금요일까지는 가능해야 합니다. 금요일까지 가능하겠어요?

나팀원: 네……. 지금 어려운 부분이 있습니다만, 금요일까지 완성하도록 하겠습니다.

② 닫힌 질문

팀　장: 지난번 보고서 오늘까지 완료하라고 했는데 다 했나요?

나팀원: 아직, 완성하지 못했습니다.

팀　장: 아직 못했다고요? 아직 못한 이유가 있을까요?

나팀원: 네……. 작년도 ○○팀에서 보내준 자료에 오차가 생겨서 그 부분에 대한 정확한 조사가 필요해서 시간이 소요되고 있습니다.

팀　장: 아~~ 그렇군요. 그럼, 그 문제를 해결하기 위해서 어떻게 하면 좋을까요?

나팀원: 해당 부서에 다시 문의해야 하는데, 제거 직접 찾아가 볼 예정입니다만, 팀장님께서 해당 부서에 전화를 해주시면 더욱 쉽게 해결이 될 수도 있을 것 같습니다.

팀　장 : 아~ 그렇군요. 그럼, 제가 오늘 ○○○팀에 ○○○씨한테 전화해서 확인해 보도록 할게요~

나팀원 : 감사합니다. 그 부분만 해결되면 바로 내일 완성될 수 있을 것 같습니다.

(2) 긍정질문 vs 부정질문

긍정질문은 질문 시 긍정적인 관점에서 긍정적인 부분에 대한 언급과 함께 질문하는 방법이다. 이를 통해 질문을 받게 되면 긍정적인 관점에서 생각하게 되며 자신의 긍정적인 부분과 장점을 생각하며 밝은 에너지를 통해 문제해결 등 긍정적 방안 모색하게 된다. 반대로 부정적인 질문은 부정적인 관점에서 부정적인 부분과 단점을 언급하며 질문하는 방법으로 에너지를 떨어뜨린다.

긍정형 질문	부정형 질문
긍정적 관점에서 장점 및 긍정적인 부분 언급	부정적 관점에서 부정적인 부분과 단점을 언급
밝은 에너지를 통해 문제해결 등 긍정적 방안 모색	부정적인 느낌을 전달하며 자신감 하락
당신이 하는 일 중에 가장 자신 있는 일은 무엇인가요?	당신이 하는 일 중에 가장 자신 없는 것은 무엇이 있나요?

① 긍정질문

팀 장: 동기 ○○씨랑 잘 지내기 위해서 어떤 방법이 있을까?

나(팀원): 동기 ○○씨는 독립적인 스타일이기 때문에 그녀가 하고자 하는 것을 지지해주고 응원해 주는 방법이 필요한 것 같습니다.

팀 장: 그래요, 그럼 두 분이 함께 일하게 되면 어떤 장점이 있는 거죠?

나팀원: 그녀는 독립적이고 긍정적이기 때문에 서로에게 저에게도 에너지를 전달할 수 있어서 시너지가 날 것 같습니다.

팀 장 : 아, 그래요~ 그럼, 두 분이 함께 좋은 팀워크를 발휘해 보시기 바랍니다. 기대합니다.

② 부정질문

팀 장: 동기 ○○씨랑 일을 하는 데 힘든 부분이 어떤 점인가요?

나팀원: 예, ○○씨는 일을 할 때 자신이 하는 일은 잘 하지만 협조를 해야 하는 부분에서 잘 맞지 않는 점이 있습니다.

팀 장: 아~ 그래요? 그럼, 함께 일하게 되면 업무에 어떤 부정적인 영향을 미치는 거죠?

나팀원: 협조가 잘되지 않기 때문에 업무가 느려질 것 같습니다. 그리고 제가 답답해서 업무의 능률이 올려지지 않을 것 같습니다.

팀 장: 아~~ 큰일이군요…….

3) 미래질문 vs 과거질문

미래질문은 미래에 초점을 맞추어 질문하는 것이고 과거질문은 과거에 초점을 맞추어 질문하는 것이다. 미래질문은 질문의 초점이 미래를 향하기 때문에 미래에 대한 해결책과 방안에 대하여 생각하게 되며 과거형 질문은 변명이나 핑계의 답변 등으로 생각의 폭을 제한한다.

미래 질문	과거 질문
미래에 초점을 맞추어 질문	과거에 초점을 맞추어 질문
미래 질문에 대한 해결책과 방안 마련	과거 사건에 대한 변명이나 핑계의 답변
창의적 생각을 가능하게 함	생각의 폭을 제한

① 미래질문

팀 장: 그래, 앞으로 동기 ○○○씨와 어떻게 지내는 게 좋겠나?

나팀원: 동기이니만큼 서로에게 힘을 주고 지지해주는 관계가 되도록 하겠습니다. 그리고 일을 할 때도 좋은 팀워크를 이루어서 성과를 낼 수 있도록 하겠습니다.

팀 장: 그럼, 좋은 팀워크를 만들기 위해서 무엇을 할 예정인가?

최유리: 저희는 하루에 한 번씩 소통할 수 있는 시간을 갖기로 했습니다. 그래서 업무적인 것뿐만 아니라 여러 가지 이야기로 친해질 수 있도록 하겠습니다.

② 과거질문

팀 장: 지난번 동기 ○○○씨랑 사이가 안 좋아 보였는데……. 그때 무슨 일 때문이었지?

나팀원: 아……. 그때 자신이 내 의견을 끝까지 굽히지 않았었습니다. 그때 저의 의견도 좋은 의견이었는데……. 자신의 의견을 굽히지 않더라구요. 그래서 저도 정말 화가 났었어요.

팀 장: 그렇군, 그때 정말 분위기가 안 좋아 보였어!

나 팀원: 아, 예……. 서로가 고집이 있어서요…….

4) 좋은 질문

▶ 구체적이고 본질적인 질문

『질문의 힘』의 저자 사이토 다카시는 그의 책에서 가장 좋은 질문은 무엇인가에 대하여 구체적이고 본질적인 질문, 머릿속을 정리해 주는 질문, 현재와 과거를 연결하는 질문이라 답하였다. 그리고 질문을 구체적 질문, 추상적 질문, 본질적 질문, 비본질적 질문, 네 가지 유형으로 분류하였다.

본질적 질문은 질문의 내용이 삶이나 대화의 주제와 직결되고 상대에게 새로운 시각으로 깊이 생각하도록 하는 질문이다. 대화 주제와는 전혀 상관이 없거나 사소한 것에 대한 질문은 비본질적 질문이라 할 수 있다.

구체적 질문은 구체적으로 답할 수 있는 질문이고 '산다는 것은 무엇인가요?'와 같은 추상적인 답변을 요구하는 질문은 추상적인 질문으로 구분된다. 원활한 소통을 위해서는 구체적이고 본질적인 질문을 하는 것이 좋다.

구체적

비본질적 / 본질적

◆ 구체적이고 비본질적인 질문

- 평소에 무엇을 하며 지내세요?
- 게임 해본 적 있어요?
- 주말에 뭐하세요?

◆ 구체적이고 본질적인 질문

- 당신의 꿈은 무엇입니까?
- 지금 자격증을 따려고 하는 이유는 무엇입니까?
- 매일마다 운동을 하는 이유는 무엇입니까?

◆ 추상적이고 비본질적인 질문

- 중요하지 않은 일을 추상적으로 묻는 영역
- 도대체 무슨 이야기인지 파악이 안 되는 질문

◆ 추상적이고 본질적인 질문

- 산다는 건 어떤 의미일까요?
- 행복이란 무엇일까요?
- 인생에서 가장 소중한 것은 무엇일까요?

추상적

자신에게 던지는 좋은 질문 3가지를 작성해 보자.

CHAPTER

12

보고 및 피드백

SERVICE COMMUNICATION

1. 지시 및 보고 개념
2. 지시 형태
3. 지시하는 방법
4. 지시받는 방법
5. 보고하는 방법
6. 중간보고
7. 피드백

회사에 입사한 지 얼마 되지 않아 팀장으로 중요한 계획을 세우게 되었는데, 상사인 센터장이 자신의 업무에 관심을 두지 않으며 보고 받는 것을 미루더라는 것이다. 그래서 보고일정을 미리 잡으니 팀원들까지 모두 집합시키라는 명령이 떨어졌다.

지인인 팀장은 센터장의 말대로 팀원들을 모아놓고 연간계획에 대해 보고했는데, 센터장은 팀원들이 있는 앞에서 그 팀장의 잘못된 것만을 지적하며 비난의 피드백을 날리기 시작했다. 하지만, 또다시 수정하여 일정을 잡고 보고를 하면 팀원들까지 집합시킨 앞에서 다시금 말을 바꿔가며 잘못된 것만을 계속적으로 지적하며 비난을 일삼았다고 한다. 이런 과정이 몇 번이나 몇 달에 거쳐 계속되었다. 결국, 지인인 팀장은 열심히 일하고자 하는 동기부여는 사라지고, 회사와 상사에 대한 원망과 한탄의 소리가 나오기 시작했다. 그리고 몇 달 뒤 회사를 그만두었다.

출어 : 이지연(2021), 뷰카시대, 당신이 꼭 알아야 할 커뮤니케이션 기술, 지식 플랫폼

"소통은 함께 이해하고,
친밀감을 형성하며,
상호평가를 이끌어낸다."

— 롤로메이

12 CHAPTER 보고 및 피드백

1 지시 및 보고 개념

직장에서는 의사소통으로 업무를 처리한다. 그중에서 업무의 진행은 상사의 지시에서 시작하고 실행되며 완성된 업무는 상사에게 보고로 이어지게 된다. 즉, 직장의 사회생활에 지시 및 보고는 업무의 진행에서 필수적인 요소로 보고와 지시의 의사소통이 원활하게 이루어졌을 때 업무의 진행에도 차질없이 순조롭게 이루어질 수 있다.

지시 및 보고는 조직의 의사소통 유형의 상향식 의사소통과 하향식의 의사소통 방식의 커뮤니케이션이다. 지시는 하향식 의사소통 방법으로 상사로부터 시작된다.

상사의 정확한 지시 내용과 방법은 업무 과제의 진행을 명확하게 하며 부하직원에게 동기를 부여한다. 직원의 보고 방법과 지시받는 법에서도 상사에 대한 태도를 나타나며, 동시에 자신의 성과에도 영향을 미치게 된다. 잘못된 지시 및 보고가 이루어진다면 경제적 · 시간적 낭비가 이루어지거나 심하면 돌이킬 수 없는 사태가 발생하기도 한다. 이에 따라 올바른 지시 및 보고의 방법을 통해 원활한 업무가 진행될 수 있어야 한다.

2 지시 형태

1) 구두(oral)

- 대면하여 일대일의 구두로 명령, 지시한다.
- 전체 직원 및 부서 직원에게 동시에 명령, 지시한다.

2) 문서(written)

- 게시판이나 전자우편을 통하여 명령, 지시한다.
- 표준 문서를 통하여 명령, 지시한다.

3 지시하는 방법

① 부하 직원의 이해수준이나 역량을 고려하여 업무를 줄 수 있어야 한다.

② 업무에 대한 목적과 내용을 명확하게 하여 방향을 제시한다.

③ 업무의 진행 절차를 언급하며 마감 일정과 보고 등에 대하여 설명한다.

④ 업무에 대한 동기부여가 일어날 수 있고 자긍심을 느낄 수 있도록 해야 한다.

⑤ 창의력을 발휘하며 도전할 수 있는 부분에 대하여 재량권을 주도록 한다.

4 지시받는 방법

1) 적극적으로 경청한다

상사가 지시, 명령할 때는 내용에 대한 잘못된 이해나 오해가 없도록 적극적으로 경청해야 한다. 상사의 말을 끝까지 주의 깊게 듣고 있음을 알 수 있도록 자세와 시선의 관리가 필요하며 중간에 말을 끊지 않도록 해야 한다.

2) 명확한 이해할 수 있도록 질문한다

상사의 지시가 이해되지 않을 때면 자신이 이해할 수 있을 때까지 질문하여야 한다. 자신의 질문에 '이것도 몰라?'라고 상사에게 꾸중을 들을까 봐 이해가 되지 않음에도 불구하고 그냥 지나치게 되면 돌이킬 수 없는 사태가 발생할 수 있다.

3) 업무의 주 내용을 재확인한다

상사의 지시가 끝나고 지시내용에 대한 이해가 끝나면 업무내용에 대한 마지막 확인이 필요하다. 이를 마지막에 재복창하여 맞는지 확인하도록 한다. "과장님, 제가 해야 할 부분이 ○○○으로 ○○○하는 것이 맞나요?"

4) 개인의 감정 표현은 삼간다

업무 지시를 받을 때는 상사와의 개인적 감정의 표현은 삼가도록 한다. 자신의 업무에 대한 불쾌한 감정은 기본이며 사적인 일체의 감정을 표현하지 않도록 주의해야 한다.

5) 메모한다

상사가 지시하면 지시사항을 메모해야 한다. 메모장을 미리 준비하여 갈 수 있도록 하며 상사가 말한 내용을 정확하게 메모하여 작은 부분이라도 빠뜨리지 않도록 해야 한다. 메모를 함으로써 상사에게는 잘 주의하여 듣고 있다는 태도를 보여줄 수 있다.

5 보고하는 방법

1) 업무가 끝나면 최대한 빨리 보고한다

지시받은 업무가 마무리 단계에 접어들면 마감기한이 아직 여유가 있다고 하더라도 최대한 빨리 보고하도록 한다. 상사가 요구하기 전 보고하는 것이 좋으며 보고의 시간이 예상보다 더 필요하다고 판단할 때는 미리 상사에게 알려 어느 정도의 시간이 필요한지를 알릴 필요가 있다. 때에 따라서는 중간보고를 통해 현재까지의 상황에 대하여 보고할 수 있도록 한다.

2) 보고는 논리적으로 보고한다

보고는 상사가 지시한 내용을 중점으로 사전에 정리하도록 한다. 결론부터 보고하며 중요순서 및 상사가 요구하는 순서로 요점 중심의 보고가 이루어질 수 있도록 해야 하며 그 이유 및 근거에 대하여도 말할 수 있어야 한다.

3) 과제의 대안이 있어야 한다

보고는 주어진 과제에 대한 대안이 있어야 하며 그 대안에 대한 장점 및 단점을 파악하여 보고할 수 있어야 한다.

4) 필요시 문서작성을 통해 보고한다

보고의 내용이 복잡하고 근거자료가 필요할 경우 보고서를 작성하며 추가자료를 준비하여 보고할 수 있도록 한다.

6 중간보고

중간보고는 최종보고 이전의 보고로 사전에 업무 진행사항을 보고함으로써 업무방향을 조율할 수 있다. 업무의 방향 및 결과를 상사와 공유함으로써 상사의 조언을 구할 수 있으며 효율적인 일 처리를 가능하게 한다.

1. 일의 진척도와 이슈에 대하여 주기적으로 보고한다
   중간보고는 상사에게 자유를 획득하는 매우 효과적인 방법이다. 중간보고를 하지 않고 일을 하면 상사는 궁금하여 계속 확인하게 되고, 직원의 자율성을 빼앗게 된다.

2. 상황이 급변하였을 때는 긴급하게 보고한다
   일을 진척해 나가다가 내 · 외부 환경 등으로 일의 방향을 선회 또는 수정, 폐기하여야 하는 경우 긴급하게 보고를 해야 한다. 이러한 보고는 시점을 놓치게 되며 낭패할 확률이 매우 높다.

3. 지시가 이상할 경우는 고민한 후에 중간보고를 실시하여 방향을 수정한다
   가끔 상사가 바쁘거나 크게 신경을 쓰지 못하는 상황에서 올바르지 못한 지시를 할 수도 있다. 이런 경우에는 지시를 받은 후 고민해서 일정 시간을 보낸 후 다시 보고한다면 방향을 올바르게 다시 바꿀 수 있다. 상사의 첫 지시가 완벽하다고 생각하지 마라!

4. 항상 복수의 대안을 고민하라
   하나의 대안을 결정하여 강하게 주장하기보다는 여러 대안의 강 · 약점을 분석하고 가장 효과적인 대안을 제안한 보고가 더 효과적이다.

5. 완성되지 않은 초안의 보고서를 보고하라.
   완성된 보고서를 만들기 이전에 일정 수준의 방향이 구성되고, 콘셉트가 잡히면 '이것은 초안이고 이런 방식으로 보고하겠다'는 정도의 수준에서 1차 보고를 하는 것이 좋다. 이러한 방법은 업무시간을 획기적으로 줄여준다.

출처: 오노 가즈유키(2006), 부드럽게 설명하고 강력하게 설득하는 커뮤니케이션, 새로운 제안

7 피드백

피드백은 메시지를 재확인하고 목표 달성 여부를 위한 정보 및 의견에 대하여 파악하는 과정이다. 직장에서는 직무와 관련한 것으로 업무 성과에 영향을 줄 수 있는 행동이나 방법 등으로 업무를 개선하거나 성과를 향상할 수 있도록 촉진하는 것을 의미한다. 이는 질책보다는 성장 및 발전을 위한 것으로 미래지향적 활동이다. 사람들은 피드백을 통하여 동기유발 되며 궁극적으로 높은 성과를 달성하게 된다.

이처럼 업무를 원활하게 진행하기 위해서는 적절한 피드백이 필요하며 효과적인 피드백이 이루어질 수 있도록 해야 한다.

1) 피드백 유형

피드백은 강화, 조언, 침묵, 그리고 비난의 네 가지 유형으로 나누어 볼 수 있다. 일반적으로 침묵과 비난보다는 강화와 조언이 긍정적인 영향을 주는 피드백이지만, 상황에 따라 적절한 피드백을 통하여 상대방에게 긍정적인 영향을 미칠 수 있도록 해야 한다. 피드백 유형별 개념과 영향은 다음과 같다.

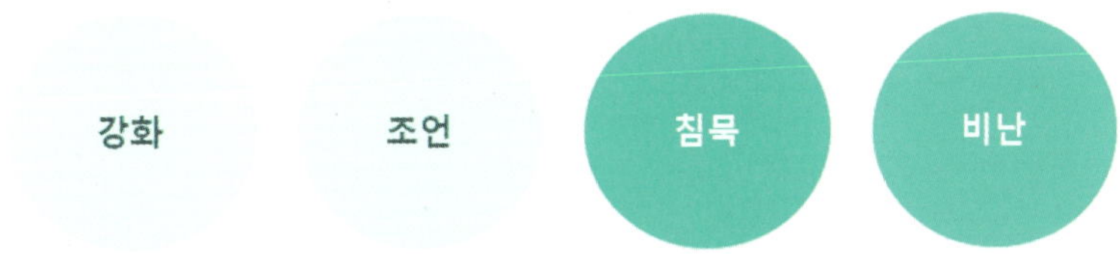

유형	개 념	영 향
강화	적극적 피드백으로 바람직한 행동이나 결과에 대해 이야기하여 지시, 격려한다.	상대방의 자신감을 높이고 동기를 강화한다. 성과가 향상된다.
조언	기대에 미치지 못하는 행동이나 결과에 대해 이를 개선, 보완하기 위한 방법을 권유하거나 제시한다.	행동을 교정하고 성과를 향상할 수 있다.
침묵	아무런 반응을 하지 않는다.	자신감이 떨어지고 불안감을 초래한다.
비난	기대에 미치지 못하는 행동이나 결과에 대해 규명하고 지적하고 질책한다.	상대가 변명이나 핑계, 저항하게 된다. 행동이나 성과를 왜곡한다. 상황을 회피한다. 관계를 악화시킨다.

출처: 이재희 · 최인희(2014), 비즈니스 커뮤니케이션, 한올출판사

① 강화

"수정 씨, 이번에 우리 팀이 영업 성과 1등을 한 것은 수정 씨가 꼼꼼하게 자료를 분석해주고 챙겨준 덕분이야~! 다음번에도 더 좋은 성과를 낼 수 있도록 부탁해요~~!"

"이번 TEST에서 전체 10% 안에 들었다고요? 너무 잘했어요! 다음 TEST에서도 최선을 다해서 좋은 성적을 낼 수 있기를 바라요!"

② 조언

"송이 씨, 지난번 4분기 자료 분석을 꼼꼼하게 작성을 잘했더라고요, 근데 다른 팀과의 비교분석 자료가 빠졌더라고~ 자료 분석에서는 다른 팀과의 비교분석 자료를 넣어주면 훨씬 좋은 자료가 될 것 같아요."

"지난번 과제에서 의사소통 향상방안에 대한 조사를 잘 했는데, 향상방안에만 초점을 맞춘 것 같아요, 현재 의사소통 스타일 분석을 넣어주면 더 좋을 것 같아요."

③ 침묵

"음……."

④ 비난

"오늘까지 보고서를 제출하라고 했는데 아직도 안 했다고요? 도대체 그동안 뭘 한 거죠?"

2) 효과적인 피드백을 위한 조건

① 구체적으로 피드백하라

피드백은 주제와 내용은 구체적이어야 한다. 모호한 표현이나 일반적인 내용에 대한 피드백은 상대방을 더욱 혼란하게 만들 뿐이다. 사실적인 내용을 바탕으로 피드백하여 정확히 원하는 상태를 표현할 수 있도록 해야 한다.

② 타이밍이 맞아야 한다.

피드백을 주는데 일주일 전에 있었던 내용이나 한 달 전에 내용을 피드백한다면 그 효과성은 떨어지게 된다. 바로 그 즉시 즉각적으로 피드백했을 때 상대방도 쉽게 납득하고 효과적일 수 있다. 또한, 상대방이 받아들일 수 있는 적절한 시기를 살펴본 후 피드백할 수 있어야 한다.

③ 향상에 초점을 두어라

피드백의 목적은 비난이 아니라 피드백 받는 사람의 향상과 성장에 초점을 맞추어야 한다. 강화와 조언 등의 피드백 방법을 통해 상대방에게 동기부여가 일어날 수 있도록 하며 실질적인 향상이 이루어질 수 있도록 해야 한다.

④ 관찰한 내용에 대하여 피드백하라

상대방의 인격적인 부분에 대한 피드백이 아니라 정확하게 관찰한 행동이나 내용을 토대로 피드백할 수 있어야 한다. "요즘 태도가 좋지 않아!"라고 표현하기보다는 "지난주에 안 하던 지각을 2번이나 했는데 무슨 문제가 있는 건가?"라고 표현하면서 구체적인 사실과 행동을 기준으로 피드백할 수 있어야 한다.

3) 피드백을 받는 자세

피드백을 효과적으로 하는 것도 중요하지만 피드백을 어떻게 받아들이냐의 문제도 중요하다. 피드백을 단순한 간섭으로 치부해 버린다면 더 좋은 성장의 기회를 잃어버리게 된다. 다음의 자세를 통하여 피드백에 대하여 적극적으로 받아들이고 자신의 성장 향상의 기회로 삼을 수 있어야 한다.

① 열린 자세

피드백의 내용이 자신의 생각과 다르더라도 수용의 자세를 가질 필요가 있다. 만약 피드백에 대하여 부정적인 표현을 하게 된다면 피드백에 대한 부담을 느낀 상사는 피드백뿐 아니라 의사소통에 불편을 느끼게 됨으로써 소통의 단절이 시작된다. 열린 자세로 피드백에 임할 뿐 아니라 필요시 먼저 피드백을 요청할 수 있어야 한다.

② 질문

피드백의 내용이 완전히 이해가 되지 않는 경우 대충 넘어가며 피드백 내용을 한 귀로 듣고 흘려버리는 경우가 있다. 이런 경우에는 반드시 자신이 이해할 수 있을 때까지 질문을 통해 정확하게 피드백 받을 수 있도록 해야 한다. 또한 상대방이 피드백한 내용과 자신이 이해한 내용을 질문을 통해 명확히 할 필요가 있다.

③ 실천 및 반영의 의지 표현

피드백을 받은 내용에 대하여 적극적으로 실천과 반영의 의지를 표현할 수 있어야 한다. 자신의 의견과 내용에 대하여 상반된 내용이 있다면 이 부분에 대한 문제에 대하여 조언을 구할 필요가 있다. 이를 통해 더욱더 원활한 소통이 이루어질 뿐 아니라 피드백을 주는 사람은 더욱더 관심과 애정을 통해 도움을 주고자 노력할 것이다.

내가 받았던 긍정적 피드백	내가 받았던 부정적 피드백

1. 거의 하지 않는다. 2. 자주 하지 않는다. 3. 가끔 한다. 4. 자주 한다. 5. 수시로 한다.

	문 항	응답				
1	상대방의 행동을 바람직한 방향으로 변화시키고자 하는 좋은 뜻에서 피드백을 제공한다.	1	2	3	4	5
2	상대방의 성과 달성을 도와주기 위한 좋은 뜻에서 피드백을 제공한다.	1	2	3	4	5
3	특정 행동이 관찰되거나 성과 이슈가 발생했을 때마다 수시로 피드백을 한다.	1	2	3	4	5
4	상대방을 충분히 칭찬하고 인정해 준다.	1	2	3	4	5
5	상대방의 목표 대비 성과에 대하여 객관적이고 공정한 평가를 제공한다.	1	2	3	4	5
6	상대방의 기분을 상하게 하지 않는 방법으로 피드백을 제공한다.	1	2	3	4	5
7	상황을 파악하기 위하여 상대방의 이야기를 주의 깊게 듣는다.	1	2	3	4	5
8	피드백하기 전에 피드백의 목적과 내용에 대해 충분히 생각한다.	1	2	3	4	5
9	구체적인 피드백을 제공한다.	1	2	3	4	5
10	성과 달성에 도움이 되는 실질적 조언이나 정보를 제공한다.	1	2	3	4	5
11	회사생활에 도움이 되는 바람직한 행동을 강화하기 위한 실질적 조언이나 정보를 제공한다.	1	2	3	4	5
12	상대방이 실행할 수 있는 현실적인 피드백을 제공한다.	1	2	3	4	5
13	피드백을 제공할 때 상대방의 관점과 입장을 고려한다.	1	2	3	4	5
14	상대방이 피드백에 대해 부정하거나 반발할 때는 관찰한 사실이나 객관적 자료를 토대로 이해시킨다.	1	2	3	4	5
15	대화할 때 나의 감정을 잘 조절한다.	1	2	3	4	5
16	말을 하기보다는 상대방의 말을 주로 듣는 편이다.	1	2	3	4	5
17	대화할 때 질문을 많이 한다.	1	2	3	4	5
18	"내 생각은~", "내 의견은~"과 같은 표현을 자주 사용한다.	1	2	3	4	5
19	대화할 때 옆으로 새지 않는다.	1	2	3	4	5
20	상대방과 함께 데이터를 수집 · 분석하고 실행계획을 만든다.	1	2	3	4	5

출처: 이재희 · 임영수 · 김미선 · 박연희 · 김경진(2017), 의사소통 능력, 양성원

[평가 가이드 라인]

- 81점 이상 : 충분한 자격을 갖추었으며, 피드백을 통해 많은 사람을 긍정적으로 변화시킬 것이다.
- 71~80점: 발전할 수 있는 자질을 갖추고 있다. 현재는 보통 수준 이상의 피드백 역량이 있으나, 자신의 노력 여하에 따라서 역량을 발휘할 수 있는 기회가 올 것이다.
- 61~70점: 발전할 수 있는 자질을 갖추고 있다. 현재는 보통 수준 이상의 피드백 역량을 갖추었으나, 자신의 노력 여하에 따라 많은 사람에게 희망을 주는 선배로서 충분한 역량을 발휘할 수 있을 것이다.
- 60점 이하: 준비되어 있지 않은 상태이다. 진단 결과를 토대로 자신의 장·단점을 분석한 후 피드백 역량 개발 계획을 수립하고 이를 달성하기 위해 지속적으로 노력해야 할 것이다.

13

CHAPTER

비대면 커뮤니케이션

SERVICE COMMUNICATION

1. 비대면 시대의 커뮤니케이션 방법
2. 소셜미디어 커뮤니케이션 에티켓
3. 메신저 커뮤니케이션
4. 전화 커뮤니케이션
5. 이메일 에티켓

지난 일요일이었다. 오성실은 모처럼 주말에 친구들과 즐거운 시간을 보내고 있는데 어김없이 팀장이 카톡방에 톡을 올리기 시작했다.

"여러분, 제가 금요일에 말했던 ○○방안 말입니다. 그 보고서 개선안을 언제까지 회장님께 보고해야 한다고 했었죠?"

카톡 내용을 확인한 오성실은 지금 당장 카톡을 보낼 정도로 중요한 것 같지 않다고 생각했다. 그리고 누군가가 답장을 하겠지 생각했다. 하지만, 시간이 지나도 누구도 답을 하지 않았다. 그 업무에 관한 질문과 답을 거의 모든 팀원이 알고 있는데도 말이다. 약 1시간이 지나도 모두가 답을 하지 않자 팀장님이 다시 톡을 하기 시작했다.

"왜 답들이 없지요?"

모두 또 묵묵부답이다. 그러자 팀장은 "오성실 씨, 답문 부탁해요."라고 하며 카톡을 올렸다. 그 순간 숨이 멎는 듯했다. '왜 하필 나야. 내가 그렇게 만만해?' 라며 일단 모른 척했다. 순간 다시 카톡이 울렸다.

"오성실 씨, 지난번 지역 마케팅 방안 자료도 부탁해요."

두 번째 카톡을 받고서는 절망감을 느꼈다. 답변을 안 하면 월요일이 지옥 같을 것 같다.

회사 다니기가 만만치 않다. 평일에도 힘든데, 직장에 나가지 않는 주말까지 회사에 묶여있다는 생각에 한탄하며 어쩔 수 없이 카톡을 보냈다.

"죄송합니다. 제가 이제야 확인했습니다. ○○방안은…."

카톡은 올렸지만, 모처럼 친구들과 즐거운 시간은 짜증 나는 순간으로 바뀌어 버렸다. 이후의 시간도 더 이상 즐거울 수 없었다. 내일은 팀장을 만나는 월요일이다. 아무렇지 않게 밝게 웃으며 인사를 건네기로 마음을 가다듬으며 주말 저녁을 보냈다.

출처: 이지연(2021), 뷰카시대, 당신이 꼭 알아야 할 커뮤니케이션 기술, 지식플랫폼

"소통의 질은 삶의 질을 결정짓는다."

— 토니 로빈스(동기부여 강사, NLP 전문가)

13 CHAPTER 비대면 커뮤니케이션

1 비대면 시대의 커뮤니케이션 방법

코로나19 이후 대면 커뮤니케이션과 함께 다양한 비대면 커뮤니케이션 채널이 일반화되고 있다. 하지만, 비대면 커뮤니케이션은 대면의 커뮤니케이션과 달리 보이지 않는다는 점 때문에 의사전달에 한계와 오해가 생기기 마련이다. 이에 따라 커뮤니케이션에서 더욱 효과적으로 전달하는 기술이 필요하다.

1) 두괄식 표현

비대면 소통에서는 상대방의 상황이나 대화의 분위기를 알아채기가 쉽지 않다. 따라서 전달하고자 하는 내용을 먼저 두괄식으로 표현하는 것이 효과적이다. 대면에서조차 서론이 길어지면 지루하며 핵심이 분명하지 않으므로 피로감을 느끼기 마련이다. 상대가 보이지 않는 비대면에서는 그 피로감이 배가 될 수 있다. 두괄식 표현으로 결론부터 말하여 상대방도 어떤 정보인지 파악하며 그에 따른 대화가 자연스럽게 이어질 수 있도록 한다.

두괄식 표현이란 전달하고자 하는 말의 핵심 내용이나 결론을 먼저 말한 후 근거나 이유, 자신의 의견 등을 이어서 말하는 방식이다.

"팀장님. 지난번 고객만족 향상 건에 대하여 드릴 말씀이 있습니다."

"팀장님, ○○지점, ○○지점, ○○지점 등에서 제게 얘기했는데요, 고객들이 ○○○점이 불편하다고 해서 말입니다. 그래서 제가 어제 팀원들과 이야기를 했었습니다. 고객만족 향상을 위해서요~"

2) 구체적이고 단순명료한 표현

비대면 커뮤니케이션일수록 구체적이고 단순 명료한 커뮤니케이션이 이루어져야 한다. '개떡같이 말해도 찰떡같이 알아들어야 한다'는 고맥락 문화에서의 메시지 전달은 지금의 사회에서는 맞지 않는다. 특히 비대면에서는 구체적이고 단순하게 표현할 수 있는 저맥락 메시지를 사용해야 상대방에게 오해를 일으키지 않고 정확하게 전달할 수 있다.

인류학자 에드워드 홀(Edward T.Hall)의 고맥락 문화, 저맥락 문화

- 고맥락 문화: 동양권, 아랍권 국가
  - 대화 이면에 상대방의 진의를 유추하는 의사소통 능력
  - 대화의 맥락 또는 상황을 중요하게 여겨 상대방의 뜻을 미루어 짐작함
  - 제스처를 활용하고 간접적인 메시지 내의 의미를 부여

- 저맥락 문화: 서양 및 유럽 국가
  - 생각과 말을 그대로 표현하며 있는 그대로 받아들이는 의사소통에 능숙
  - 대화 속의 표현된 글, 말 등 메시지를 중요시함

고맥락

"○○님, 눈치껏 잘 하세요"(X)
"김 과장, 지난번에 얘기했던 것, 그것 얼른 추진하시고 알려주세요."(X)

저맥락

"○○님, ○○상황에서는 ○○○하셔야 합니다." (○)
"김 과장, 지난주 금요일에 얘기했던 '고객만족 향상 건'에 대해서 12개 지점에서 피드백 받고 저에게 수요일까지 보고해주세요." (○)

3) 반응해주기

비대면 채널에는 쌍방으로 화면을 통해 소통하거나 텍스트만으로 전달하는 메신저 등이 존재한다. 그런데 반응 없이 멀뚱히 쳐다보기만 한다거나 상대방이 보내는 텍스트를 읽기만 한다면 서로에게 정확한 정보 전달이 어려워진다. 명확한 전달을 위해 상대방의 메시지에 대한 느낌을 말하고 의견에 대해 반응을 해야 한다.

■ 비언어적 반응

- Body는 표정, 눈빛, 자세, 움직임으로 보디랭귀지를 맞춤
- Mood는 음정, 음색, 빠르기, 높낮이 등을 통해 상대방의 분위기 및 감정을 맞춤
- Word는 상대가 사용하는 단어 또는 문장을 사용하며 호응하고 맞장구치는 방법

■ 언어적 반응

[1단계] 기본적 단계: 상대방의 말의 단순한 반복과 반응

[2단계] 마음 읽어주기: 감정 & 욕구 파악 및 표현

[3단계] 질문 + 지지단계: 감정과 욕구를 파악하고 읽어주며 지지의 표현

4) 간결하게 표현하기

시대가 빠르게 변화하고 스피드를 강조함에 따라 소통에서도 빠르고 간결함을 추구하고 있다. 비대면 커뮤니케이션에서는 장황한 표현보다는 간결함을 요구하며 그 중요성이 더욱 커지고 있다. 논점이 명확해야 하며 핵심을 요약하여 전달할 수 있어야 한다. '알잘딱깔센'의 말처럼 '알아서 잘 딱 깔끔하고 센스 있게' 말할 수 있어야 한다.

5) 효과적으로 질문하기

비대면 소통의 단점을 보완하기 위하여 말하는 사람뿐만 아니라 듣는 사람도 대화를 이끌어 나갈 수 있어야 한다. 이때 질문을 이용하면 더욱 정확하게 정보가 전달될 수 있다. 어떤 질문을 하느냐에 따라 정보는 물론 결과도 달라질 수 있다. 최근 AI 기반의 새로운 검색 엔진 Chat GPT에서도 어떤 질문을 던지느냐에 따라 그 답이 달라지므로 질문의 중요성을 실감하고 있다. 핵심을 파악하며 요점을 전달할 수 있도록 질문을 통해 소통의 질을 향상할 수 있을 것이다.

2 소셜미디어 커뮤니케이션 에티켓

소셜미디어(Social media)는 자신의 생각, 의견, 경험, 관점 등을 공유하는 온라인도구나 플랫폼을 말한다. 대표적으로는 블로그, 소셜 네트워크 서비스(Social network/networking service), 메시지보드, 팟캐스트, 위키, 비디오블로그(브리로그) 등이 있다. 소셜네트워크 서비스(SNS)로는 페이스북, 카카오스토리, 인스타그램, 밴드, 트위터 등이 있다.

전 세계 인터넷 이용자들은 1주일에 평균 4.6시간을 SNS에 투자한다고 한다. 한국인의 하루 평균 스마트폰 사용 시간은 5시간으로 세계 5위이며, SNS 이용시간은 세계 2위로 나타났다. 빅데이터 플랫폼 기업인 아이지에이웍스는 알고리즘을 통해 2023년 11월 기준 '모바일 앱 월간사용자수(MAU)'를 조사하였다. 그 결과 1위는 카카오톡(4,092만 명), 2위 유튜브(4,070만 명), 3위 네이버(3,857만 명), 4위 크롬(3,119만 명), 5위 구글(2,758만 명), 그 밖에 쿠팡의 순으로 조사되었다. 성별 · 나이별로는 인스타그램이 '10대 이하 남성'에서 34만 명, '10대 이하 여성'에서도 27만 명의 사용자를 보유해 각각 1위를 차지했다. '20대 남성'에서도 53만 명이 사용해 1위다.

1) 소셜미디어 에티켓

SNS의 사용이 늘어남에 따라 많은 사람이 소셜미디어와 함께 살아가고 있다고 해도 과언이 아니다. 자유자재로 정보를 이용하며 자신의 생각과 의견을 공유하고 있다. 가까이 있는 지인뿐 아니라 전 세계인이 친구가 되어 일상을 공유하는가 하면 친분을 유지하는 등 의사소통 방법에 혁명이 일어난 것이다. 하지만, 온라인에서 자유롭게 소통이 일어나면서 상대방에게 피해를 주거나 눈살을 찌푸리게 만드는 상황도 빈번하게 일어나게 된다. 이에 따른 올바른 자세와 책임감을 가지며 소셜미디어에서 지켜야 할 에티켓을 지켜 건강한 인터넷 문화를 만들어나갈 필요가 있다.

① 지극히 개인적인 내용은 삼가자

'투머치토크'라는 신조어도 있듯이 자신에 대한 적당한 오픈은 친근감을 느끼게 하지만, 타인이 원치 않는 지나친 사적인 내용은 상대방에게 피로감을 느끼게 한다. 자신만이 알 수 있는 내용 등을 포함해 자신의 동선을 실시간 올린다거나 상대방에게 도움이 되지 않는 지극히 사적인 내용, 개인적인 정보 등이 해당할 수 있다. 이는 신용상의 피해로 이어질 수 있음을 주의하자.

② 불만 등의 부정적인 내용은 자제하자

자신의 스트레스를 풀기 위해 소셜미디어를 사용하기도 한다. 하지만, 적당한 선을 유지해야 한다. 수시로 불만을 쏟아 내거나 누군가를 비방하는 내용으로 채운다면 이 또한 다른 사람에게 스트레스를 줄 수 있다. 사람들과 공유하는 공간인 만큼 불만과 부정적인 내용은 자제하고 긍정적인 내용으로 좋은 에너지를 나눌 수 있는 공간으로 만들어나갈 필요가 있다.

③ 반복적인 내용은 삼가자

마케팅의 전략으로 소셜미디어를 이용하는 기업이 많아지면서, 기업 또는 개인이 자신의 상품이나 브랜드를 알리고자 반복적인 내용을 올리는 경우가 있다. 같은 내용이나 반복적인 콘텐츠가 자주 올라오면 다른 사용자에게 피로감을 전달하게 된다. 상대방에게 유익한 내용과 소통의 공간이 될 수 있도록 유의할 필요가 있다.

④ 논란이 될 만한 주제는 피하자

소셜 네트워크는 자유롭게 자기 생각과 의견을 올릴 수 있지만, 소통의 공간이라는 점에서 논란이 될 만한 주제는 피하도록 한다. 정치에 대한 지나친 자신의 의견과 주장, 잘못된 정보나 가짜 뉴스 등 무분별한 주제는 피하도록 한다.

⑤ 사적인 관심은 자제하자

소통의 공간에서 긍정적인 피드백과 댓글은 서로에게 관심의 표현으로 긍정적인 에너지를 전달하게 된다. 하지만, 지나치게 사적인 관심을 표현한다거나 개인적인 질문을 하며 신상을 캐는 행위, 말꼬리를 잡고 시비를 거는 일이 없도록 주의해야 한다. 악성 댓글로 상대방을 괴롭히거나 상처를 주지 않도록 올바른 댓글을 달 수 있어야 한다.

⑥ 과도한 자랑 금지

소셜미디어는 자신이 타인에게 보여주고 싶은 것, 공유하고 싶은 것만 올리게 된다. 그런 이유로 본의 아니게 자랑하며 인정받게 되는 내용이 주를 이룰 수 있다. 이는 보는 사람에게 타인과의 비교로 행복감이 떨어질 수 있다. 지나친 자신의 자랑보다는 진솔한 마음으로 상대방을 배려할 수 있도록 한다.

⑦ 타인과 비교하지 말자

다른 사람의 소셜미디어를 보며 자신의 삶과 비교할 수 있다. 하지만, 타인의 소셜 네트워크는 일상이 아닌 보여주고 싶은 행복한 순간과 성과 위주로 보여주고 있다는 것을 잊지 말아야 한다. 자신이 발전할 수 있는 좋은 정보와 미래를 위한 자신의 성장에 관심을 가지도록 한다. 자신의 멘털 관리에 신경 쓸 필요가 있다.

⑧ 타인의 사진이나 일상을 동의 없이 올리지 말자

타인과 함께 찍은 사진과 타인의 일상을 동의 없이 올리며 갈등을 빚는 사례가 종종 일어난다. 이는 사생활 침해에 해당할 수 있으므로 함께 찍은 사진과 타인의 일상에 대해서는 동의를 받고 올려야 한다.

⑨ 소셜미디어 중독에 주의하자

타인과 소통하며 즐거움을 위해 소셜미디어를 시작했으나, 지나친 사용으로 불안과 스트레스를 호소하기도 한다. 수시로 소셜미디어에 접속하고 그러지 못하면 불안해하기도 하며, 팔로우 숫자 및'좋아요'수에 집착하거나 지나친 사용으로 중독이 일어나기도 한다. 소셜미디어에 집착하지 않도록 야외활동 및 운동을 하고, SNS에 접속하는 시간을 제한하는 등 건강한 사용이 필요하다. 자신이 행복을 느낄 수 있도록 소셜미디어 사용을 조절할 수 있도록 하자.

⑩ 팩트 체크하고 가짜뉴스는 근절하자

많은 사람이 공유하는 공간에서 검증되지 않은 정보는 가짜뉴스를 양산하게 된다. 이는 많은 사람에게 급속도로 확산하여 혼란을 줄 수 있으며 2차 피해를 입는 사람도 생긴다. 반드시 정보를 올리거나 공유할 때는 팩트를 체크하여 가짜뉴스를 확산하지 않도록 주의해야 한다.

2017년 3월 미국 피츠버그대 건강과학연구소 브라이언 프리맥 교수팀은 미국 예방의학저널(American Journal of Preventive Medicine)에 일주일에 58회 이상 SNS로 다른 사람과 소통하는 사람이 일주일에 9번 이하로 이용하는 사람보다 3배 더 외로움을 느낀다고 발표했다. 다만 SNS를 이용할수록 외로움을 더 느끼는 것인지, 외로워서 SNS를 시작했는지 명확하게 알 수는 없다.

출처 : 위키백과

3 메신저 커뮤니케이션

SNS(Social Network Service)는 온라인상에서 타인과 소통하거나 관계를 맺을 수 있는 서비스로 SNS의 발달은 사적인 대화뿐만 아니라 조직 내에서 업무를 하는 데 필수적인 도구로 사용되고 있다. 사내 메신저뿐 아니라 카카오톡 등 다양한 SNS를 업무에서 활용하는 데 따라 이에 따른 의사소통 방법을 살펴볼 필요가 있다.

1) 자신의 현재 상태 표현

사내 메신저는 자신의 상태를 표현하여 현재 상황을 적극적으로 알리는 것이 중요하다. 급하거나 바쁜 업무를 진행하고 있는 경우 '다른 용무 중', '통화 중', 또는 '자리 비움' 등으로 설정하여 상대방이 적절한 대화 시기를 찾을 수 있도록 해야 한다.

2) 메신저는 간단히

업무용으로 메신저를 사용할 때는 간단하게 메시지를 전달할 수 있어야 한다. 내용이 길거나 복잡하면 오해의 소지가 생길 수 있으며 상대방이 이해하기 어려울 수 있다.

3) 대화 마무리

메신저에서 대화의 마무리는 끝까지 할 수 있어야 한다. 자신의 이야기만 하고 답변을 하지 않으면 무례한 느낌을 전달하게 된다. 상대방이 업무적인 내용을 전달했을 경우 그에 대한 반응의 메시지를 표현하여 이해하고 있다는 표현을 해야 한다. 또한 대화의 마무리에서 자신의 이야기가 끝났다 하더라도 '감사합니다.', '또 뵙겠습니다.', '좋은 오후 되십시오' 등으로 대화를 끝낸다는 느낌을 주는 멘트를 남길 수 있도록 해야 한다.

4) 유머나 풍자는 주의

상황에 맞지 않는 부적절한 유머와 풍자는 오해를 받을 소지가 크다. 상대방이 반감을 일으키지 않도록 상대방의 상황이나 시점을 주의 깊게 고려할 수 있어야 한다.

5) 이모티콘 사용

메신저에서 자신의 기분이나 감정을 이모티콘을 통해 표현하는 것이 자연스럽지만, 비즈니스 환경에서는 적합하지 않은 경우가 있으므로 주의가 필요하다. 상대방과의 비즈니스 관계, 친분 정도에 맞게 적절히 사용해야 한다.

4 전화 커뮤니케이션

전화는 대면하지 않으면서도 음성과 언어만으로 소통하는 대표적인 소통기구이다. 대면하지 않으면서도 소통할 수 있다는 편리함이 있는 반면, 상대방이 보이지 않기 때문에 자칫 오해를 일으킬 수 있으며 소홀히 대하기 쉬운 상황도 존재한다. 비대면인 점을 감안하여 좀 더 세심한 응대와 최선을 다하는 느낌을 전달할 수 있어야 한다.

1) 전화응대의 3원칙

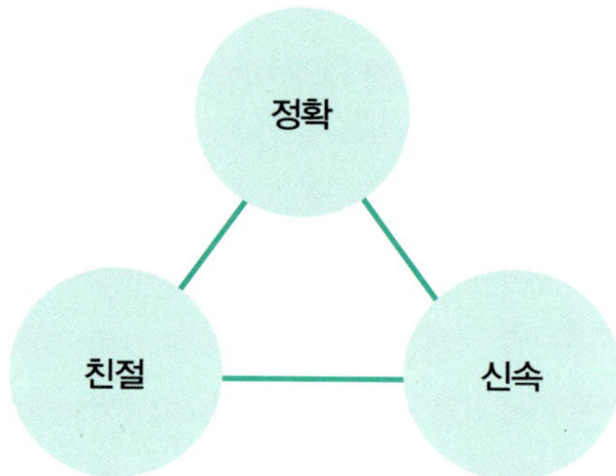

2) 전화응대 특징

① 음성만으로 서비스를 전달한다

메라비언 법칙에 따르면 커뮤니케이션에서 시각적 표현의 영향력이 55%에 달하지만, 전화응대에서는 보이지 않기 때문에 음성과 내용만으로 의사소통이 이루어진다. 따라서 '음성'에 더욱더 주의를 기울일 필요가 있다.

② 일방적으로 예고 없이 찾아오는 방문객이다

전화는 상대방의 상황을 고려하지 않고 예고 없이 찾아오는 만남으로, 준비되지 않는 상황에서도 응대해야 한다.

③ 보안성이 없다

최근에는 기업에서 사전 양해를 통해 고객과의 통화내용을 녹음하기도 하며, 일반인의 대화에서도 쉽게 녹음할 수 있는 환경이다. 따라서 서로에게 예의를 갖추어 대화하며 녹음기능이 있다는 점에 주의가 필요하다.

▶ 전화를 받는 경우

신속히 받는다	전화벨이 울리면 받는다. (2번 이내) 메모를 준비한다.
인사 + 소속 + 이름	밝은 표정과 음성으로 첫인사한다. "감사합니다. 000기업 000부서 000입니다." 늦게 받았을 경우 "늦게 받아 죄송합니다." 사과 인사말을 한다.
요구를 파악한다	고객이 말하기 전에 요구사항을 물어본다. "고객님, 무엇을 도와드릴까요?"
감사를 표현한다	전화를 걸어 준 것에 대해 감사를 표현한다. "감사합니다. 좋은 하루 보내십시오."

▶ 전화를 거는 경우

내용요약	고객과 통화내용을 사전에 정리한다. T.P.O를 고려한다.
인사 + 소속 + 이름	고객이 전화를 받으면 먼저 인사하며 자신을 밝힌다. "안녕하십니까? 저는 ㅇㅇ기업 ㅇㅇ팀 ㅇㅇㅇ입니다."
고객의 상황을 파악한다	고객이 통화가 가능한지 여부를 확인한다. "고객님, 지금 통화가 가능하십니까?" "고객님, 편한 시간 말씀해 주시면 제가 다시 전화드리겠습니다."
용건을 전달한다	통화가 가능할 경우 용건을 전달한다. 사전에 정리한 내용을 정확하게 전달한다.

전화응대 기본 매너

1. 항상 필기도구를 준비한다.
2. 전화벨이 두 번 울리기 전에 받는다.
3. 전화에는 반드시 인사말, 소속, 이름까지 정확히 밝힌다.
4. 다른 번호로 돌릴 때는 미리 안내한다.
   '고객님 연결 도중 혹시 전화가 끊어지면 000-000으로 전화 주시기 바랍니다.'
5. 전화를 끊을 때는 고객이 먼저 끊은 것을 확인 후 전화를 끊는다.

5 이메일 에티켓

1) 함축적인 제목

비즈니스 메일의 제목은 내용을 함축적으로 표현할 수 있어야 한다. 이메일의 쓰는 목적과 내용의 가장 핵심을 이메일의 제목에 넣는다면 받는 이가 메일을 효과적인 관리할 수 있다.

2) 간단 명료한 내용

이메일의 내용이 길면 전달하려는 사항이 제대로 전달되지 않을뿐더러 읽는 이에게 부담이 될 수 있다. 이메일의 내용은 되도록 짧고 명료하게 핵심요점만을 담도록 한다.

3) 맞춤법 검사

맞춤법이 틀리면 상대방에게 좋은 인상을 심어 줄 수 없다. 전달내용의 정확함과 자신의 이미지를 위해 맞춤법을 확인하고 보내는 습관을 기르도록 한다.

4) 이모티콘 사용 자제

친구들과의 이메일이나 채팅할 때 사용하는 이모티콘을 직장 내 이메일에 넣는 것은 자제해야 한다. 이는 고객이나 상사에게 신뢰감을 잃을 수 있는 요소가 될 수 있다.

5) 서명첨부

메일을 보낼 때 자신의 이름과 직책, 전화번호, 회사주소 등을 알 수 있도록 서명을 자동으로 지정한다. 상대방이 메일을 보낸 사람의 소속과 직책 등을 알 수 있도록 한다.

6) 부재중 설정

한동안 메일을 읽지 못하는 경우 상대방에게 자신의 부재중임을 알릴 수 있도록 부재중 설정을 하여 자동으로 답장을 보낼 수 있도록 한다.

SERVICE COMMUNICATION

CHAPTER 14

프레젠테이션

14 프레젠테이션

CHAPTER

1 프레젠테이션의 개념 및 중요성

프레젠테이션은 과거 특정인들만 사용하는 의사소통의 방법으로 인식되었으나 현재는 업무 중에 프레젠테이션이 수시로 이루어지고 있으며, 특히 프레젠테이션으로 검증과 평가를 받으며 사회생활에서 중요한 의사소통 능력 중 하나가 되었다. 학교에서도 프로젝트나 팀과제 수업 등에서 발표가 수시로 이루어지고 있어 프레젠테이션이 중요한 능력으로 요구되고 있다.

일반적으로 의사소통은 일대일 커뮤니케이션을 통해 자신의 생각과 느낌, 사실, 의견 등을 자유롭게 표현하지만, 프레젠테이션은 다수를 대상으로 공식 석상에서 이루어지기 때문에 일반적인 의사소통과 달리 사전 준비가 필요하다. 프레젠테이션이란 '특정 다수를 대상으로 자신의 목적 달성을 위하여 의견, 지식, 사실 등의 내용을 공식 석상에서 효과적으로 전달하고자 하는 의사소통 방법'이다. 효과적인 프레젠테이션을 위해서는 프레젠테이션 방법을 익히고 실전에서 프레젠테이션을 해보는 등의 사전 경험을 통하여 준비하고 훈련할 필요가 있다.

자신의 프레젠테이션 상황을 생각해보고, 자신의 의사표현 정도가 어느 정도인지 점검해보자. 그리고 이를 바탕으로 올바른 의사표현을 위하여 자신에게 필요한 능력이 무엇이 있을지 생각해보자.

내용	전혀	가끔	거의	향상
1. 나는 프레젠테이션 상황에서 일방적인 전달자가 된다.	1	2	3	4
2. 나는 프레젠테이션 상황에서 시간분배를 제대로 하지 못한다.	1	2	3	4
3. 나는 프레젠테이션 상황에서 설명이 정확하지 못하다.	1	2	3	4
4. 나는 프레젠테이션 상황에서 분위기를 딱딱하게 만든다.	1	2	3	4
5. 나는 프레젠테이션 상황에서 전문용어를 지나치게 쓴다.	1	2	3	4
6. 나는 프레젠테이션 상황에서 스크린만 쳐다본다.	1	2	3	4
7. 나는 프레젠테이션 상황에서 중얼거린다.	1	2	3	4
8. 나는 프레젠테이션 상황에서 간조어(아~, 에~)를 사용한다.	1	2	3	4
9. 나는 프레젠테이션 상황에서 종종 헤맨다.	1	2	3	4
10. 나는 프레젠테이션 상황에서 제스처를 안 쓴다.	1	2	3	4

출처: 산업인력공단

① 30~40점 : 도움이 필요하다. 프레젠테이션 기술을 개발하기 위한 기법을 적극적으로 학습해야 한다.

② 20~29점 : 좋은 프레젠터이기는 하지만 앞으로 더 개선해야 한다.

③ 10~19점 : 프레젠테이션을 효과적으로 하는 사람이다.

2 프레젠테이션의 목적

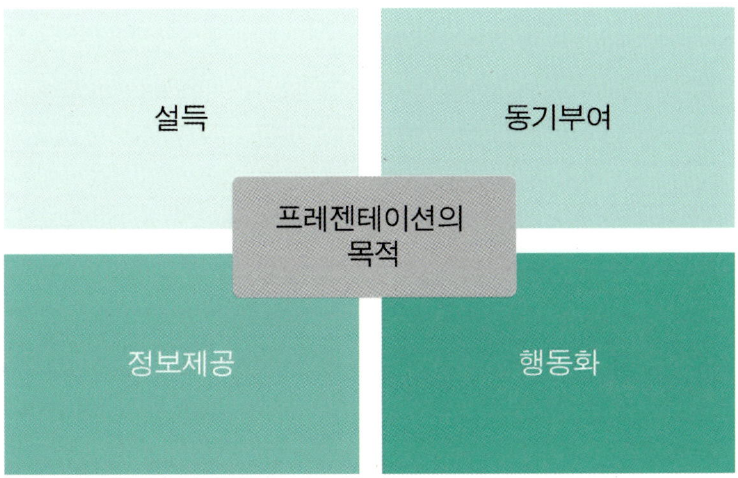

출처: 유종숙 · 최환진(2014), 프레젠테이션 프로페셔널, 커뮤니케이션 북스

프레젠테이션은 그 목적에 따라 위의 그림처럼 설득, 동기부여, 정보제공, 행동화의 4가지로 분류할 수 있다. 그 목적에 따라 프레젠테이션의 내용과 방법을 달리 표현할 수 있으며 목적에 맞도록 준비할 수 있어야 한다.

설득은 프레젠터가 원하는 바를 설득하기 위한 것으로 설득의 스킬을 통하여 효과적인 프레젠테이션을 준비할 필요가 있다. 동기부여는 청중의 실행을 위하여 의욕을 불러일으키는 것으로 청중의 마음을 움직일 수 있는 프레젠테이션의 세심한 준비가 필요하다. 정보제공은 지식에 대한 설명으로 알기 쉽게 설명할 필요가 있으며, 행동화는 청중의 행동을 실행시키기 위한 것이다.

3 프레젠테이션 전략

1) 3P 분석

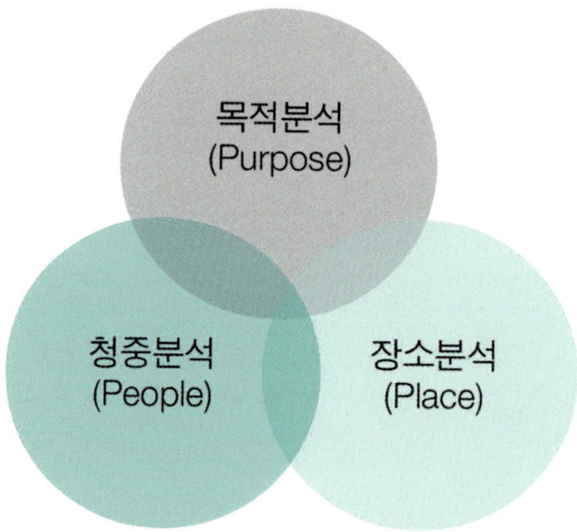

프레젠테이션을 하기 위하여 기본적으로 3P 분석이 이루어져야 한다. 목적분석(Purpose), 청중 분석(People), 장소 분석(Place)으로 프레젠테이션의 목적에 대한 분석을 통해 프레젠테이션의 방향을 결정하며 청중 분석을 통해 청중에게 필요한 내용을 준비할 수 있다. 그리고 장소분석을 통해 완성된 프레젠테이션을 준비할 수 있게 된다.

2) 5W1H 구성

① When: 언제 발표하는가?

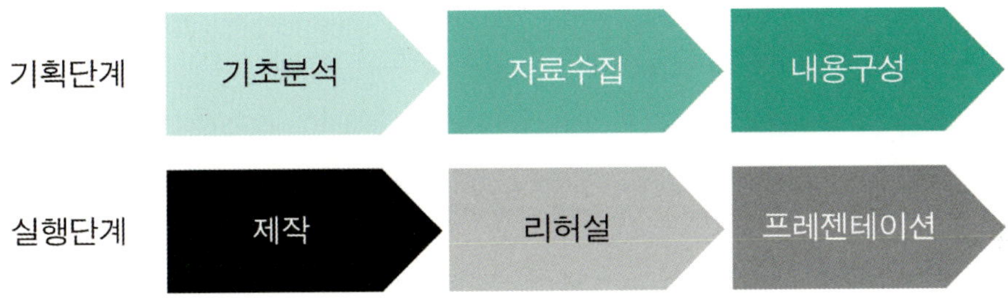

프레젠테이션 일정이 잡히면 그 일정에 맞추어서 기획단계와 실행단계로 나누어 단계별로 준비해야 한다. 프레젠테이션 일정을 기준으로 기초분석, 자료수집, 내용구성, 제작, 리허설, 프레젠테이션 등의 단계로 준비한다.

② Where: 어디에서 발표할 것인가?

장소에 대한 분석으로 프레젠테이션 환경을 둘러보아야 한다. 발표장의 크기와 인원수, 발표 위치, 스크린 위치, 프레젠테이션 도구, 좌석 배치, 실내 분위기 등 청중들이 집중할 수 있도록 환경에 대한 분석이 이루어져야 하며 이에 따라 프레젠테이션의 매체 및 방법을 고려할 필요가 있다.

③ Who: 누구에게 발표할 것인가?

Who는 두 가지의 관점인 '누가 발표할 것인가?'와 '누구에게 발표할 것인가?'를 고려하여야 한다. 일반적으로 자신이 직접 발표하는 경우가 많으나 여의치 않은 경우에는 외부에서 섭외하여 발표할 수도 있다. 가장 좋은 방법은 프레젠테이션을 준비하는 사람이 발표하는 것이 가장 효과적으로 전달할 수 있다.

청중 분석은 성공적인 프레젠테이션을 좌우하는 만큼 청중의 특징을 파악하여 준비할 수 있어야 한다. 분석할 구체적인 부분으로는 학력 및 지식수준, 담당 업무 분석, 지위 및 태도 분석, 주제에 대한 지식 분석, 연령대 파악 등을 통하여 계획을 수립한다.

④ What: 무엇을 발표할 것인가?

무엇을 발표할 것인가는 곧 주제에 관한 부분으로 주제가 있는 내용을 의미한다. 콘텐츠를 구성하며 이를 논리적으로 배열할 수 있어야 효과적으로 전달할 수 있다.

⑤ Why: 왜 발표하는가?

프레젠테이션의 발표 이유이며, 청중들에게 목적한 바를 전달하기 위한 동기부여 과정에 해당한다. 동기부여가 잘 이루어졌을 때 목적한 프레젠테이션이 잘 이루어질 수 있으며 목적 달성의 가능성을 높이는 프레젠테이션이 될 수 있다.

⑥ How: 어떻게 보여줄 것인가?

발표자의 인사, 복장, 에티켓, 제스처 등과 함께 청중들과 공감대를 형성하며 분위기를 이끌어 가는 발표스킬 및 보여지는 모든 것을 포함한다. 청중들과의 공감대 형성은 프레젠테이션의 분위기를 좌우하는 만큼 공감대 형성을 위한 발표스킬과 태도 등에 대한 준비가 필요하다.

4 프레젠테이션 구성

1) 내용 구성

프레젠테이션을 위한 분석 및 전략이 이루어지면 내용을 구성 및 개발해야 한다. 일반적으로 내용은 주제에 따라 서론, 본론, 결론의 3단계 구성 또는 기승전결의 4단계 구성이 있다. 일반적으로 3단계 구성을 주로 사용하고 있다.

(1) 주제 설정

발표에서는 목적한 바를 하나의 문장으로 표현할 수 있는 주제가 필요하다. 발표의 핵심 사항이라 할 수 있다.

(2) 3단계 구성법

발표 주제에 맞게 서론, 본론, 결론의 3단계 구성으로 서론에서는 도입으로 배경 및 문제 제기가 이루어지며, 본론에서는 발표할 내용의 주된 내용을 다루게 된다. 결론에서는 요약 및 정리로 다시 한번 강조를 할 수 있도록 한다.

(3) 4단계 구성법

기, 승, 전, 결의 방법으로 '기'의 단계에서는 관심 유도 및 문제를 제기하며, '승'에서는 문제 해결의 단계로 어떤 유익한 점이 있는지에 대한 청중들에게 오는 유익한 점 등에 대하여 언급한다. '전'의 단계에서는 주제에 대한 구체적인 방법 및 실행방안에 제안 및 발표하며, 마지막 '결'의 단계에서는 결론을 내리는 단계로 전체의 마무리를 할 수 있도록 한다.

2) 귀납법과 연역적 구성 논리법

(1) 귀납법 구성 논리법

귀납법은 '개별적인 특수한 사실이나 원리로부터 일반적이고 보편적인 명제 및 법칙을 유도해 내는 일'이다. 관찰과 경험 등 여러 사례를 통하여 공통의 성향 및 관련성을 가진 결론을 도출하는 방법이다.

- 사례 1: 소크라테스는 죽었다
- 사례 2: 아리스토텔레스도 죽었다.
- 사례 3: 이순신도 죽었다
- 결론/일반화: 고로 모든 사람은 죽을 것이다.

(2) 연역적 구성 논리법

연역법은 일반적으로 알려진 이론을 제시하고 어떠한 현상에 대입하며 이에 대하여 결론을 도출해내는 방법이다. 일반적인 법칙을 통해 특정한 법칙을 도출하는 것이다.

- 대전제: 모든 사람은 죽는다.
- 소전제 1: 소크라테스는 사람이다.
- 소전제 2: 소크라테스는 죽었다.
- 특정 법칙 도출: 고로 사람인 나도 죽는다.

3) 본론의 내용 개발 및 구성 방법

(1) 에피소드 개발

격언, 명언, 속담, 신문, 잡지, 책 등에서 자신이 전달하고자 하는 내용과 관련된 부분을 전달하는 것이다. 에피소드를 잘 활용하면 전달하고자 하는 주제를 더욱 명확하고 공감할 수 있게 해주며, 실제 사례를 통해서 해결 팁을 제공한다.

(전략) 그렇기 때문에 고객의 니즈를 얼마나 잘 파악하느냐는 매우 중요하다고 할 수 있다. 고객은 때때로 잘못된 정보를 주기도 한다. 실제로 고객의 잘못된 니즈 파악으로 상품판매에서 실패한 기업이 있다. 대표적인 사례로 17개월 만에 폐간된 '마리안느' 잡지가 그 예이다.

여성잡지 '마리안느'는 출간 전 독자들에게 철저한 시장조사를 하여 고객의 니즈 분석을 통해 기획되었다. 주부 고객들에게 "無섹스, 無루머, 無스캔들의 명품 잡지가 나온다면 사서 보겠는가?"라고 질문했을 때 95% 이상이 사서 보겠다고 대답했으며 이에 따라 1991년에 창간되었다. 하지만 마리안느는 2년을 채우지 못한 채 17개월 만에 폐간되었다. 이유는 간단하다. 주부들이 면대면으로 질문을 받았을 때 괜찮은 사람으로 보여주고 싶은 심리로 인하여 잡지를 보는 진짜 이유(섹스, 루머, 스캔들)를 말할 수 없었기 때문이다. 일반적으로 사람들은 아무리 익명성을 가진 인터뷰, 설문조사라 하더라도 자신의 진짜 생각, 욕망과는 다른 대답을 할 수 있다고 한다.
이렇듯 고객의 진짜 욕구를 알기는 쉽지 않다. (후략)

출처: 이지연(2017), 서비스, 고객경험을 디자인하라, 백산출판사

(2) 스토리텔링

'스토리(story) + 텔링(telling)'의 합성어로서 말 그대로 '이야기하다'라는 의미를 지닌다. 즉 상대방에게 알리고자 하는 바를 재미있고 생생한 이야기로 설득력 있게 전달하는 행위이다. 미래학자 롤프 옌센(Rolf Jensen)은 "세상은 이미 물질적인 부가 아닌 문화와 가치, 생각이 중요해지는 꿈의 사회로 진입했으며, 이러한 사회에서는 브랜드보다 고유한 스토리를 팔아야 하며 이제 스토리텔링을 배우지 못한다면 사람들을 설득할 수 없고, 설득할 수 없다는 것은 원하는 것을 얻지 못한다는 의미와도 같다"고 말했다. 자신이 전달하고자 하는 지식, 의견, 정보 등을 자신이 경험한 사례를 토대로 이야기한다면 더욱 생생하고 재미있게 전달함으로써 더 큰 효과를 전달할 수 있다.

끊임없이 갈망하고 끊임없이 배워라

스티브 잡스의 스탠퍼드대학교 졸업 축사(2005년 6월)

(전략) 그렇게 해서 서른 살에 저는 '애플'에서 쫓겨났습니다. 그것도 아주 공개적으로 말이죠. 줄곧 제 성년기 인생의 구심점 역할을 했던 대상이 사라져버리자 정말 참담한 심정이었습니다.

저는 몇 달 동안 어떻게 해야 할지 종잡을 수 없었습니다. 제가 선배 기업인들을 실망시켰다는 생각이 들었습니다. 계주에서 앞서 달렸던 주자가 제 손에 쥐여준 바통을 놓친 것처럼 말입니다. 저는 일을 그르친 것에 대해 데이비드 패커드(David Packard)와 밥 노이스(Bob Noyce)를 만나서 사과하려고 애썼습니다. 공공연한 실패자가 된 저는 심지어 실리콘 밸리를 아주 떠날까도 생각했습니다.

하지만 뭔가가 제 머릿속에 떠올랐습니다. 제가 하던 일을 여전히 사랑하고 있다는 자각이었습니다. 애플에서 겪었던 그 어떤 사건도 그 사실에는 전혀 영향을 주지 못했습니다. 비록 해고됐지만 전 여전히 사랑에 빠져 있었던 겁니다. 그래서 저는 다시 시작해 보기로 했습니다.

그때는 몰랐지만 나중에 생각해 보니 애플에서 해고된 것은 제 인생에서 최고의 사건이었습니다. 모든 것이 불확실한 초심자의 마음으로 돌아가니 성공에 대한 부담감은 후련함으로 바뀌었습니다. 그로 인한 자유로움 속에서 저는 인생에서 가장 창의력이 넘치는 시기를 맞이하게 되었습니다.

그 후 5년 동안 저는 '넥스트'와 '픽사'라는 회사를 차렸고 또한 제 아내가 될 멋진 여성과 사랑에 빠졌습니다. 세계 최초로 컴퓨터 애니메이션 〈토이 스토리〉를 제작한 픽사는 지금 세계에서 가장 성공한 애니메이션 제작사가 되었습니다.

애플이 넥스트를 인수하고 저는 다시 애플로 복귀하게 되었습니다. 우리가 넥스트에서 개발한 기술은 현재 전성기를 구가하고 있는 애플에서 핵심 역할을 하고 있습니다. 그리고 저는 로렌과 멋진 가정도 꾸렸습니다.

제가 지금 분명히 단언할 수 있는 것은 만일 제가 애플에서 해고되지 않았다면 이런 일들이 결코 일어나지 않았을 거라는 겁니다. 해고의 경험은 지독하게 쓴 약이었지만 환자에게는 필요한 약이었나 봅니다. (후략)

출처: 백미숙(2013), 스피치, 커뮤니케이션북스

(3) 3의 법칙

많은 내용 중에서 핵심 내용을 3가지의 요점으로 정리하여 전달하는 방법이다. 숫자 '3'은 2 혹은 4보다 안정한 느낌을 주므로 주제를 완성된 구조로 전달할 수 있다. '서론-본론-결론'의 3단 구조와 함께 본론에서도 핵심 내용을 3의 구성요소로 '첫째-둘째-셋째'로 구성하여 전달할 수 있다. 유명 글로벌 컨설팅 회사 맥킨지에서도 3의 법칙을 사용하고 있다.

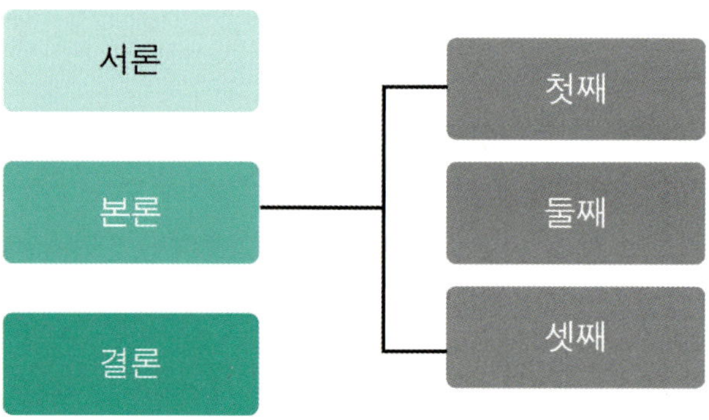

저는 우리가 매일 해야 할 세 가지 일이 있다고 생각합니다. 그리고 우리는 평생 이 일을 해야 합니다.

미국 노스캐롤라이나대학 농구팀 코치, 지미 발바노의 연설(1993년 3월)

첫 번째 일은 매일 웃는 겁니다. 두 번째 일은 생각하는 것입니다. 언제나 생각하는 시간을 가져야 합니다. 세 번째 일은 눈물 날 만큼 행복과 기쁨을 느끼는 겁니다. 항상 웃고 생각하며 하루를 보낸다면 더없이 충만할 겁니다. (중략)

암은 저의 육체적 능력을 빼앗을 수 있지만 저의 정신은 빼앗지 못합니다. 마음도 건드리지 못합니다. 그리고 저의 영혼도 마찬가지입니다. 그리고 이 세 가지는 늘 저와 함께 있을 겁니다.

출처: 멋진 프레젠테이션을 위한 3의 법칙 활용법

(4) FABE법

FABE법은 Feature(기능, 사양), Advantage(장점 또는 차별적 특성), Benefit(혜택), Evidence(근거 및 증거)의 각 단어의 머리글자를 딴 것으로 설득력 있는 프레젠테이션을 할 수 있도록 하는 방법이다.

① Feature (기능, 사양)
② Advantage (제품이나 서비스의 장점 또는 차별적 특성)
③ Benefit (제품이나 서비스를 사용함으로써 누리는 혜택)
④ Evidence (구체적인 근거 및 증거)

① Feature **(기능, 사양)**
이 핸드폰은 깨끗한 통화품질이 특징입니다. 게다가 소음 제거 기능까지 갖추었습니다.

② Advantage **(제품이나 서비스의 장점 또는 차별적 특성)**
소음이 아무리 심한 지역에서도 소음 제거 기능으로 언제든 조용한 통화를 할 수 있다는 것이지요.

③ Benefit **(제품이나 서비스를 사용함으로써 누리는 혜택)**
그렇기 때문에 사업상 중요한 통화를 하다가 주위 소음으로 전화를 중단할 필요도 없고 회의 중에 밖으로 나갈 필요 없이 조용한 대화가 가능합니다.

④ Evidence **(구체적인 근거 및 증거)**
그래서 요즘 많은 기업의 경영자나 임원진뿐만 아니라 전문가 그룹에서는 성공의 상징처럼 이 스마트폰을 선택하고 있습니다.

(5) PREP법

PREP법은 Point(결론, 핵심 내용), Reason(근거, 이유), Example(사례, 예), Point(결론, 제안)의 머리글자를 딴 것으로 논리적이며 설득력 있는 프레젠테이션을 할 수 있도록 하는 방법이다.

① Point(결론, 핵심 내용): 결론 제시

② Reason(근거, 이유): 결론에 따른 이유 제시

③ Example(사례, 예): 구체적인 사례

④ Point(결론, 제안): 마지막으로 한 번 더 결론 제시

① Point(결론, 핵심 내용): 결론 제시

저는 행복한 삶을 자신이 만들어가는 것은 중요하다고 생각합니다.

② Reason(근거, 이유): 결론에 따른 이유 제시

왜냐하면 행복한 삶은 누군가에 의해 결정되는 것이 아니기 때문입니다.

그리고 행복한 삶을 만들어 나가면서 더욱더 활기차고 진취적인 행복한 삶을 경험할 수 있기 때문입니다.

③ Example(사례, 예): 구체적인 사례

예를 들어 닉 브이치치는 자신의 고난 속에서도 자기 삶의 도전을 통해 행복한 삶을 만들어가는 모습을 볼 수 있습니다.

④ Point(결론, 제안): 마지막으로 한 번 더 결론 제시

결론적으로 행복은 자신이 어떠한 삶을 만들어가느냐에 따라 달려있으며 자신이 행복을 만들어가는 것은 중요하다고 생각합니다.

(6) 2W1H법

① What(정의, 핵심 내용): 정의 및 핵심 내용 제시

② Why(목적, 이유): 핵심 내용에 따른 목적과 이유 제시

③ How(방법): 구체적 방법 설명

(7) SDS법

① Summary(개요): 전체 개요 설명

② Detail(상세): 본론을 구체적으로 설명

③ Summary(정리): 마지막 한 번 더 개요를 정리

(8) TAPS법

① To Be(이상): 프레젠터의 이상(원하는 것) 제시

② As is(현 상태): 현재의 상태 설명

③ Problem(문제): 이상과 현 상태의 동떨어진 문제점 지적

④ Solution(해결): 해결책 제시

'3) 본론의 내용 개발 및 구성 방법' 중에서 하나의 방법을 골라 '행복' 또는 '바람직한 직장인의 모습'을 주제로 작성해 보자.

5 당당한 보디랭귀지 표현

1) 올바른 자세

바른 자세는 청중에게 신뢰감을 주는 중요한 요소다. 시각적 인상은 전달력의 절반 이상을 차지하므로, 두 다리에 균형 있게 힘을 주고 가슴과 등을 펴는 자세는 여유 있는 이미지를 준다. 다만 팔짱이나 뒷짐 등 거만해 보일 수 있는 자세는 피해야 한다.

2) 자연스러운 제스처

자연스러운 손동작은 청중의 관심을 끌고 메시지를 강조하는 데 효과적이다. 오픈된 제스처는 긍정적 인상을 주며, 작은 움직임은 발표자와 청중 모두에게 편안함을 줄 수 있다. 단, 과하거나 인위적인 제스처는 오히려 부자연스러워 보일 수 있으니 주의해야 한다.

3) 밝은 표정

표정은 발표자의 감정 상태를 그대로 드러낸다. 밝고 생기 있는 표정은 발표의 분위기를 살리고 청중의 반응을 이끌어낸다. 발표 목적에 맞는 표정을 적절히 조절하며, 긍정적인 인상을 전달하는 것이 중요하다.

4) 시선 처리

청중과의 눈맞춤은 발표의 핵심 소통 수단이다. 바닥이나 먼 곳을 보는 시선은 자신 없어 보일 수 있다. 한 명씩 차례로 바라보며 말하는 방식으로 시선을 고르게 배분하면 산만하지 않고 집중된 발표를 할 수 있다.

5) 옷차림

복장은 발표자의 태도를 보여주는 첫인상이다. 청중과 발표 목적에 맞는 단정한 복장은 신뢰를 높인다. 너무 튀는 스타일보다는 깔끔하고 무난한 정장이 좋으며, 용모 또한 단정하게 유지하는 것이 바람직하다.

청중이 몰입하는 프레젠테이션을 만드는 법

1. 시작은 짧고 강렬하게, 'Hook'을 활용하라
질문, 놀라운 통계, 짧은 사례, 인용구 등으로 흥미 끌기
예시: "여러분, 하루에 몇 번이나 거절당하시나요?"

2. 한 가지 메시지를 명확하게 전달하라
프레젠테이션은 '정보 나열'이 아니라 '핵심 메시지 전달'
청중이 "오늘 이 발표에서 ○○를 배웠다"라고 말할 수 있도록!

3. 슬라이드는 심플하게, 말로 보완하라
슬라이드 하나 = 메시지 하나
이미지, 키워드, 도식 위주로 구성하고 설명은 구어로 자연스럽게 전달

4. 스토리텔링을 활용하라
도입 → 전개 → 결말의 구조로 이야기를 구성
사례나 실제 경험을 중심으로 이야기하면 공감과 이해도가 상승함

5. 청중과 눈 맞춤과 리액션 유지하기
말하는 중간중간 청중의 반응을 살피고, 고개를 끄덕이거나 미소 짓기
"맞죠?", "여기까지 괜찮으세요?"처럼 자연스럽게 교감 유도

6. 비언어적 표현을 적극 활용하라
표정, 손짓, 제스처, 이동 등으로 전달력을 높이기
자세는 자신감 있게, 표정은 진심 있게

7. 템포 조절과 멈춤(Pause)의 활용
강조할 때는 속도를 늦추고, 중요한 말 뒤에는 잠시 멈추기
청중에게 생각할 시간을 주는 '침묵'은 설득의 기술이기도 함

8. 청중을 참여시키는 요소 삽입
손 들기, 짧은 질문, 즉석 투표, 상상 유도 등
예시: "이런 상황, 경험해보신 분 손 들어보세요"

9. 말투에 감정과 리듬을 담아라
평서문도 강약 조절로 생동감 있게 전달
단조로운 톤은 피하고, 말의 높낮이와 속도에 변화를 줘야 집중력 유지

10. 끝은 인상 깊게 마무리하라
핵심 메시지 요약 + 실천 제안 or 여운을 남기는 질문
"이제, 여러분의 선택은 무엇인가요?"처럼 여운 있게 마무리

6 프레젠테이션 방해요인 제거방법

프레젠테이션에서 청중의 몰입을 방해하는 요소는 다양하다. 단순한 기술 부족이 아니라, 발표자의 심리 상태, 목소리, 태도, 표현법 등이 영향을 준다. 아래는 주요 방해요인을 제거하기 위한 구체적인 전략들이다.

1) 심리적 안정 및 무대 공포 극복

- 발표 전에 복식호흡으로 심리적 긴장을 낮춘다.
- 빈 강의실이나 실제 장소에서 반복적으로 리허설한다.
- 청중을 적이 아닌 협력자로 상상하며 마음을 다잡는다.
- 작은 발표 경험을 통해 무대 적응력을 키운다.

2) 음성 표현 및 발화 훈련

- 하루 5분씩 소리 내어 뉴스 기사나 책을 읽는다.
- '아에이오우' 발음 연습과 발성 훈련으로 전달력을 높인다.
- 강조할 단어에 억양과 톤을 실어 핵심 메시지를 살린다.
- 자신의 발표를 녹음해 듣고, 속도와 발음을 점검한다.

3) 보디랭귀지와 시선 처리

- 제스처는 의미를 담아 자연스럽게 사용한다.
- 두 발은 안정감 있게 지면에 두고, 몸을 흔들지 않는다.
- 청중과 눈을 맞추며 좌-중앙-우로 시선을 분산한다.
- 따뜻한 표정과 미소로 신뢰감을 형성한다.

4) 유머 활용

- 본인의 경험이나 실수담을 짧은 유머로 활용한다.
- 발표 주제와 연결된 사례 유머로 공감을 이끌어낸다.
- 청중의 반응을 살피며 유머의 강도를 조절한다.
- 유머는 한두 번만 자연스럽게, 반복 사용은 피한다.

5) 언어 습관 및 말하기 태도

- 군더더기 말은 침묵으로 대체하며 여유 있게 말한다.
- 문장 단위로 끊어 말하는 연습을 통해 명확성을 높인다.

6) 내용 구성과 발표 설계

- 슬라이드는 키워드 중심으로 정리하고 글자 수를 줄인다.
- 전체 발표 흐름을 도입-전개-정리 구조로 구성한다.
- 핵심 메시지를 문장 1~2줄로 요약해 중심을 세운다.
- 불필요한 내용은 과감히 덜어내고 발표 시간을 조절한다.

7) 기술 장비 및 발표 환경 준비

- 발표 전 마이크, 슬라이드, 영상 등 장비를 미리 점검한다.
- 리모컨, 클리커, 백업 자료를 준비해 돌발상황에 대비한다.

7 스피치 방법

1) 핵심 메시지를 명확히 정한다

- 스피치는 한 가지 메시지를 강하게 남기는 것이 목표
- '오늘 내 발표의 핵심은 무엇인가?'를 먼저 정하고 구성 시작
- 메시지는 짧고 기억하기 쉽게, 한 문장으로 요약 가능해야 함

2) 스크립트는 3단 구조로 짠다

- 도입-전개-결론
- 도입: 관심을 끌고, 말할 이유(Why)를 설명
- 전개: 사례나 근거를 통해 메시지를 전달

- 결론: 요약과 함께 행동을 촉구하거나 여운을 남김

3) 스토리텔링을 활용한다

- 사람들은 '정보'보다 '이야기'에 더 몰입함
- 구체적인 경험, 에피소드, 실패담 등을 자연스럽게 활용
- 감정이 담긴 이야기일수록 공감과 설득력이 올라감

4) 청중을 고려해 말의 수준과 톤을 조절한다

- 연령, 관심사, 상황에 맞춰 어휘와 예시를 선택
- 듣는 이가 '나에게 하는 말 같다'고 느끼게 할 것
- 전문용어는 쉽게 풀어 말하고, 간결하게 표현

5) 자신감 있는 음성과 보디랭귀지를 사용한다

- 또박또박, 너무 빠르지 않게 말하며 중요한 단어는 힘주기
- 바른 자세, 시선 분산, 자연스러운 손짓으로 안정감 주기
- 미소와 눈맞춤은 신뢰를 높이는 핵심 도구

6) 말의 리듬을 조절한다

- 중요한 내용 전후에는 '멈춤'을 넣어 집중 유도
- 속도 · 톤 · 크기 변화로 지루하지 않게 리듬 살리기
- 핵심 문장은 천천히, 반복해 강조하면 기억에 남음

7) 감정을 담아 말한다

- 말의 힘은 정보보다 감정에서 나옴
- 화남, 기쁨, 안타까움 등 상황에 따라 감정 표현
- '내가 이 말을 왜 하는지'에 대한 진심이 전달되어야 함

8) 마무리는 강하게, 여운 있게

- 핵심 메시지를 다시 한번 명확히 정리
- 질문, 인용, 행동 촉구 등으로 인상 깊게 마무리
- 예시: "여러분은 어떤 선택을 하시겠습니까?"

9) 짧고 강렬하게 말한다

- 스피치는 짧을수록 강함
- 불필요한 반복, 군더더기 말은 과감히 생략
- 말은 '많이'보다 '깊이'가 중요하다

10) 반복 연습과 피드백을 받는다

- 직접 말해보며 연습하는 것이 가장 효과적
- 녹음/녹화해보고, 말버릇 · 속도 · 억양을 점검
- 다른 사람에게 피드백을 받아 개선 포인트 확인

참고문헌

강선아 · 홍지숙 · 김애경(2021), 서비스 커뮤니케이션, 백산출판사

고선미 · 김정아 · 류병진(2017), NCS 의사소통 액션북, 공동체

권인아 · 오정주(2018), 의사소통능력, 한올출판사

김나위(2017), DISC 행동유형과 사주명리학 일간의 성격 비교 연구, (사)아시아문화학술원, P327-342

김성희(2017), 인간관계와 의사소통, 공동체

김영민(2009), 대한민국 핵심 인재를 위한 커뮤니케이션 특강, 새로운 제안

김찬배(2014), 요청의 힘, 올림

다이앤 디레스터(2006), MBA에서도 가르쳐주지 않는 프레젠테이션, 비즈니스북스

민혜영 · 유은석 · 임경력(2018), 의사소통능력, 지식공동체

박경록 · 이철규(2017), 대인관계 능력, 한올출판사

박민영 · 강지연 · 김연정(2022), 너 프레젠테이션 처음이지?, 시대에듀

박보영(2011), SO통!!, 에듀큐

박상수(2014), 직장생활과 인간관계, 백산출판사

박소연 · 변풍식 · 유은경(2012), 서비스 리더십과 커뮤니케이션, 한올출판사

박혜정 · 김남선(2013), 고객서비스 입문, 백산출판사

배용관(2016), 리더의 코칭, 아비요

베벌리 엥겔(2001), 사과의 힘

사이토 다카시(2003), 질문의 힘, 루비박스

서여주(2018), 고객응대실무, 백산출판사

송은옥(2018), 대학생의 노인에 대한 태도에 관한 연구, 한국사회복지경영학회

심윤정 · 신재연(2013), 고객서비스 실무, 한올출판사

양애경 · 송영선 · 김주섭 · 최종철(2018), 사람중심 리더십, 공동체

오노 가즈유키(2006), 부드럽게 설명하고 강력하게 설득하는 커뮤니케이션, 새로운 제안

이성태(2017), 인간관계론, 양성원

이은숙(2014), 인간관계와 의사소통, 양서원

이정미 · 박홍석(2017), 자기인식척도(SAS)의 개발 및 타당화 연구, 상담학연구

이재희 · 임영수 · 김미선 · 박연희 · 김경진(2017), 의사소통 능력, 양성원

이재희 · 최인희(2014), 비즈니스 커뮤니케이션, 한올출판사

이지연(2017), 서비스, 고객경험을 디자인하라, 백산출판사

이지연(2019), 의사소통 액션 북, 백산출판사

이지연(2021), 뷰카시대, 당신이 꼭 알아야 할 커뮤니케이션 기술, 지식플랫폼

임창희 · 홍용기(2013), 비즈니스 커뮤니케이션, 청람

임택균 · 서현석(2017), 대인관계중심적 의사소통 능력 향상을 위한 듣기교육의 개선 방향, 한국화법학회, 37권 0호, p129-167

차동욱 · 심원술 · 서재현 · 이호선(2010), 리더십, 한경사

최한규(2015), 좌절하지 않고 쿨하게 일하는 감정케어, 전나무숲

한국산업인력공단(2015), 의사소통 능력 매뉴얼, 휴먼컬처아리랑

한정란(2000), 대학생들의 노인에 대한 태도에 관한 연구, 한국노년학회

홍순이(2009), 비즈니스 커뮤니케이션, 대영문화사

Hamachel, D. E(1978), Encounters with the Self(2nd ed.) Holt, Rinehart&Winston

저자 **약력**

이지연

서울과학종합대학원대학교 경영학(서비스경영) 박사
숙명여자대학교 Hospitality MBA(경영학) 석사
세종대학교 가정학 학사

現) 대림대학교 영상디자인과 조교수[교양·직업교육혁신센터]
한국코치협회 KAC 코치

前) 신안산대학교 국제비서과 교수
LIG 손해보험 인재니움 과장/고객만족팀 과장
수협은행 개인고객부 CS컨설턴트 차장
현대백화점 인재개발원 선임
국민은행 고객만족부/SSP추진팀

저서
뷰카시대, 당신이 꼭 알아야 할 커뮤니케이션 기술
서비스, 고객경험을 디자인하라
인성수업 워크북
의사소통 액션북

email : ezyeon@daelim.ac.kr
ezservice@hanmail.net

서비스 커뮤니케이션

2024년 2월 25일 초 판 1쇄 발행
2025년 8월 30일 제2판 1쇄 발행

EDITION JIAH 36.5° Jiyeon Lee Since 2025

지은이 이지연
펴낸이 진성원
펴낸곳 (주)백산출판사
교 정 박시내
본문디자인 구효숙
표지디자인 오정은

등 록 2017년 5월 29일 제406-2017-000058호
주 소 경기도 파주시 회동길 370(백산빌딩 3층)
전 화 02-914-1621(代)
팩 스 031-955-9911
이메일 edit@ibaeksan.kr
홈페이지 www.ibaeksan.kr

ISBN 979-11-7385-052-3 93190
값 21,000원